풍성하고 아름다운 노년을 위하여

도서출판 말씀과만남은 그리스도인들과 세상 모든 사람들이
하나님의 말씀과 만나 그 생각이 새로워지고 그 삶이 풍성해지도록 돕고 있습니다.

The Malsseum & Mannam Publishing House is helping Christians and men in the world to
meet with God's Word so that they may have their spirits renewed and an the abundant life.

풍성하고 아름다운 노년을 위하여

설 은 주 지음

1판 1쇄 / 2003. 4. 15
발행처 / 말씀과만남
발행인 / 최 헌 근
꾸민이 / 정 희 숙, 이 신 애, 박 찬 숙, 명 희 선
등록번호 / 제20-444호
등록일자 / 1991. 6. 19

138-220 서울특별시 송파구 잠실동 339-3
Tel : (02) 3273-8369, Fax : (02) 3273-8367
전자우편 : mmpress@hanmail.net

ISBN 89-7508-058-7

정가 : 5,000원

잘못된 책은 바꾸어 드립니다.

풍성하고 아름다운 노년을 위하여

- 노년을 위한 영성교육 -

설은주 지음

말씀과만남

영적 순례자로서의 인생 여정 속에
노년의 원숙함과 풍성함을 삶으로
보여 주신 존경하는 배가례 교수님,
이극호 장로님, 설진훈 장로님께 이
책을 드립니다.

서문

"백발은 영화로운 면류관이니 의로운 길을 걸어야 그것을 얻는다." (잠 16:31)

노년 인구가 급증하고 있습니다.

과학의 발달과 생활 수준의 향상으로 평균 수명이 연장되어 인구의 노령화가 전세계적인 현상으로 나타나게 되었습니다.

과거의 전통사회에서는 노인은 한 집단의 가장이나 연장자로서 권위를 지니고 있었고 젊은 사람들로부터 존경을 받았습니다.

그러나 급격한 사회 변동으로 인해 오늘날의 노인들은 고립된 존재가 되어 소외감과 역할 상실, 삶의 고독과 빈곤, 건강의 약화 그리고 무관심과 냉대 속에서 살아가고 있습니다.

그래서 많은 노인 문제가 대두되고 있습니다.

그러나 하나님과 함께 하는 노년의 삶은 결코 쓸쓸하고 절망적인 인생의 황혼기가 아니며 소외와 슬픔, 상실의 시기가 아닙니다.

오히려 노년기는 인생의 복된 단계이며 자기 통합과 자기 완성을 향해 나아갈 수 있는 매우 의미 있는 시기입니다. 그래서 성경은 노인의 백발은 하나님 은총의 성취이며 하나님이 주신 복이라고 말합니다.

하나님과의 관계 속에서 영위되는 노년의 삶은 가치 있고, 존귀하며 존경의 대상이 되는 것입니다. 그러므로 백발의 삶에서 하나님의 정직하심과 그분의 은총을 증언해야 하는 사명이 있습니다.

"나는 노인이니 이제 쓸모가 없다."라는 왜곡되고 잘못된 관념을 벗고 생의 마지막 순간까지 믿음을 지키며 믿음의 본을 보이며 인생을 아름답게 살아야 할 소명이 있는 것입니다.

삶은 하나님께서 우리에게 주신 너무 소중한 선물이기에 어느 한 부분도 소홀히 다루어선 안됩니다.

특히 노년의 시기는 가장 의미있고 숭고한 인생의 단계이기에 더욱 깊은 영성적 통찰과 삶에 대한 축하가 필요합니다.

저는 이제 노인기에 접어드신 부모님을 모시고 있습니다. 그분들의 삶을 보면서 인생이 참으로 거룩하고 의미있는 순례의 여정이라는 것을 깊이 느꼈습니다. 그리고 교회의 많은 어르신들을 생각했습니다. 우리는 그분들의 헌신과 수고, 그분들의 사랑과 희생으로 인해 살아가고 있습니다. 우리 모두는 노년분들께 가장 많은 사랑의 빚을 진 자들입니다.

이젠 그분들께 사랑의 보답을 해야 하지 않을까요? 그 사랑에 대한 작은 보답은 노년의 삶을 축하하고 하나님의 빛과 약속 안에서 깊이 삶을 성찰해 볼 수 있도록 노인들에게 영적인 여정을 안내해 주는 것입니다.

저는 노년들의 영혼의 친구로서 인생의 마지막 여정인 노년과 죽음에 대한 영적인 배려가 그분들의 사랑에 보답할 수 있는 것이라 생각되어 이 작은 책을 집필하게 되었습니다.

사실 노년기는 하나님과 깊이 만날 수 있는 거룩하고 영적인 시간입니다. 그러나 한국 교회 안에는 노인에 대한 목회적 배려가 너무 부족한 현실을 보면서 많은 안타까움을 느꼈습니다. 교회는 희망과 축복, 약속과 구속의 값진 신앙 유산이 많이 있습니다. 영성의 깊은 길을 안내할 수 있는 성경의 유산들이 많이 있습니다. 이것을 통해 노인들을 섬겨드려야 합니다. 교회는 노인들의 영혼의 친구로서 본향가는 길을 안내해 드릴 사명이 있습니다.

노인은 공경의 대상이며 지혜의 상징입니다. 건강한 가정, 성숙한 사회일수록 어르신에 대한 공경과 효가 살아있습니다. 우리는 오늘날 실종된 효와 공경의 미덕들을 회복해야 합니다.

앞으로 한국 교회에 노인에 대한 목회와 노인 영성 교육이 절실히 필요하다고 봅니다. 이 책은 노인들을 섬기기 위해 쓴 책입니다. 풍성하고 성숙한 노년의 삶을 안내하기 위한 영성 교육 교재로 집필되었습니다.

인생의 마지막 단계에서 깊이 생각해 볼 수 있는 주제들을 선정하여 함께 토의하고 묵상해 볼 수 있도록 꾸며져 있습니다.

교회는 노인들에 대한 지대한 관심을 가지고 노인들의 삶을 축복하고 영적으로 깊이 성장할 수 있도록 그분들을 도와드려야 합니다.

감사와 공경의 마음으로 어르신들을 축복합니다.

"너는 센 머리 앞에 일어서고 노인의 얼굴을 공경하며 네 하나님을 경외하라. 나는 너의 하나님 여호와니라." (레 19:32)

"우리 야훼의 집안에 심어진 자들아, 하나님의 뜰 안에 뿌리를 내리고 우거지거라 늙어도 여전히 열매 맺으며 물기 또한 마르지 말고 항상 푸르러라. 그리하여 나의 반석이신 야훼께서 굽은데 없이 곧바르심을 널리 알려라." (시 92:13-15)

평화와기쁨의집에서
설 은 주

목차

헌 사 ··· 4

서 문 ··· 5

목 차 ··· 8

첫 번째 여정　　주님, 제가 노인이랍니다 ······························· 9

두 번째 여정　　주님, 아름답게 늙고 싶어요 ······················· 35

세 번째 여정　　이 모두가 주님의 은혜입니다 ······················ 57

네 번째 여정　　행복하고, 창조적인 노인이 되게 하소서 ········· 79

다섯 번째 여정　　천국이 보입니다 ····································· 109

첫 번째 여정

주님, 제가 노인이랍니다

"노인들에게는 환상이 요구된다. 노인들에게는 기억만이 아니라 꿈이 요구된다.

하나님의 현존을 실감하고 사는 사람에게는 늙어 간다는 것은

시간의 상실이 아니라 시간의 소득임을 안다.

그리고 그들은 그들의 모든 행위에 있어서 인간의 주요 업무는

시간을 성화 하는 것임을 또한 알고 있다.

시간을 성화 하는 데 필요한 것은 하나님, 영혼, 그리고 순간이다.

이 셋은 언제나 거기 있는 것이다. 바르게 존재하는 것은 축복이다.

바르게 사는 것은 거룩하다."

– 아브라함 헤셀 –

"이 세상에서 가장 긴 여행이란 자신에 대한 탐구로부터 출발하여 자신의 운명

을 실현시켜 나가는 내면의 여행이다."

– 다크 함마슐드 –

시편 90편 1-17절

1 주님은 대대로 우리의 거처이셨습니다.

2 산들이 생기기 전에, 땅과 세계가 생기기 전에, 영원부터 영원까지, 주님은 하나님이십니다.

3 주님께서는 사람을 티끌로 돌아가게 하시고 "죽을 인생들아, 돌아가거라" 하고 말씀하십니다.

4 주님 앞에서는 천년도 지나간 어제와 같고, 밤의 한 순간과도 같습니다.

5 주님께서 생명을 거두어 가시면, 인생은 한 순간의 꿈일 뿐, 아침에 돋아난 한 포기의 풀과 같이 사라져 갑니다.

6 풀은 아침에는 돋아나서 꽃을 피우다가도, 저녁에는 시들어서 말라 버립니다.

7 주님께서 노하시면 우리는 사라지고, 주님께서 노하시면 우리는 소스라치게 놀랍니다.

8 주님께서 우리 죄를 주님 앞에 들추어 내놓으시니, 우리의 숨은 죄가 주님 앞에 환히 드러납니다.

9 주님께서 노하시면, 우리의 일생은 사그라지고, 우리의 한평생은 한숨처럼 스러지고 맙니다.

10 우리의 연수가 칠십이요 강건하면 팔십이라도, 그 연수의 자랑은 수고와 슬픔뿐이요, 빠르게 지나가니, 마치 날아가는 것 같습니다.

11 주님의 분노의 위력을 누가 알 수 있겠으며, 주님의 진노의 위세를 누가 알 수 있겠습니까?

12 우리에게 우리의 날을 세는 법을 가르쳐 주셔서 지혜의 마음을 얻게 해주십시오.

13 주님, 돌아와 주십시오. 언제까지입니까? 주님의 종들을 불쌍히 여겨 주십시오.

14 아침에는, 주님의 사랑으로 우리를 채워 주시고, 평생토록 우리가 기뻐하고 즐거워하게 해주십시오.

15 우리를 괴롭게 하신 날 수만큼, 우리가 재난을 경험한 햇수만큼, 우리에게 즐거움을 주십시오.

16 주님의 종들에게 주님께서 하신 일을 드러내 주시고, 그 자손에게는 주님의 영광을 나타내 주십시오.

17 주 우리 하나님, 우리에게 은총을 베푸셔서, 우리의 손으로 하는 일이 견실하게 하여 주십시오. 우리의 손으로 하는 일이 견실하게 하여 주십시오.

전도서 12장 1-7절

1 젊을 때에 너는 너의 창조주를 기억하여라. 고생스러운 날들이 오고, 사는 것이 즐겁지 않다고 할 나이가 되기 전에,

2 해와 빛과 달과 별들이 어두워지기 전에, 먹구름이 곧 비를 몰고 오기 전에, 그렇게 하여라.

3 그 때가 되면, 너를 보호하는 팔이 떨리고, 정정하던 두 다리가 약해지고, 이는 빠져서 씹지도 못하고, 눈은 침침해져서 보는 것마저 힘겹고,

4 귀는 먹어 바깥에서 나는 소리도 못 듣고, 맷돌질 소리도 희미해지고, 새들이 지저귀는 노랫소리도 하나도 들리지 않을 것이다.

5 그높은 곳에는 무서워서 올라가지도 못하고, 넘어질세라 걷는 것마저도 무서워질 것이다. 검은 머리가 파뿌리가 되고, 원기가 떨어져서 보약을 먹어도 효력이 없을 것이다. 사람이 영원히 쉴 곳으로 가는 날, 길거리에는 조객들이 오간다.

6 은사슬이 끊어지고, 금그릇이 부서지고, 샘에서 물 뜨는 물동이가 깨지고, 우물에서 도르래가 부숴지기 전에, 네 창조주를 기억하여라.

7 육체가 원래 왔던 흙으로 돌아가고, 숨이 그것을 주신 하나님께로 돌아가기 전에, 네 창조주를 기억하여라.

1. 다음 항목 중 노인기에 겪게 되는 가장 큰 문제는 무엇이라고 생각하십
   니까? (세가지만 고르세요)

   ❶ 배우자의 상실 (   )
   ❷ 고독과 외로움 (   )
   ❸ 건강의 약화 (   )
   ❹ 자녀나 젊은 세대와의 갈등 (   )
   ❺ 경제적인 어려움 (   )
   ❻ 할 일과 삶의 보람이 없음 (   )
   ❼ 다가올 죽음에 대한 두려움 (   )
   ❽ 사회의 푸대접과 무관심 (   )
   ❾ 아무런 문제가 없음 (   )
   ❿ 기타 (   )

2. 사람이 늙어서 나타나는 신체적 특징을 말해 보세요. (전도서 12장 3-5
   절 참조)

....

....

3. 나이가 들면서 나타나는 정신적 특징을 말해 보세요.

....

....

....

4. 사람은 나이가 들면 들수록 육체적으로나 정신적으로 점차 쇠약해지는 것이 특징입니다. 노인의 특징과 표시를 성경은 어떻게 말해 주고 있습니까?

❶ 사무엘상 12장 2절

❷ 스가랴 8장 4절

❸ 시편 71편 9절

❹ 전도서 12장 1-8절

❺ 룻기 1장 12절

❻ 잠언 16장 31절

5. 성경은 노인에 대해 어떻게 말하고 있습니까?

❶ 노인은 공경의 대상

(레위기 19장 32절; 잠언 23장 22절; 디모데전서 5장 1-2절)

❷ 장수는 하나님께서 주신 사랑의 선물

(창세기 15장 15절; 출애굽기 20장 12절; 잠언 16장 31절; 에베소서 6장 2-3절)

❸ 지혜의 상징

(욥기 12장 12-13절, 32장 8-9절)

❹ 노인은 젊은이를 가르치는 사람

(신명기 32장 7절; 디도서 2장 4절)

❺ 노인은 연약한 존재

(시편 71편 18절; 이사야 46장 4절)

6. 다음은 노화도를 측정하는 질문입니다. 부담을 갖지 마시고 자연스럽
   게 노화에 대한 생각들을 나누어 보시길 바랍니다.

❶ 최근에 일어난 일들을 잘 잊어버리는가?

❷ 빨리 일을 처리할 때 신경질과 불안이 일어나는가?

❸ 모든 일을 옹고집, 자기 중심으로만 해결하려 하는가?

❹ 과거에 잘했던 일을 자랑스레 이야기하지 않는가?

❺ 과거에 겪은 난관, 고통스런 체험담을 이야기하지 않으려 하
   는가?

❻ 모든 일에 불평하지 않는가?

❼ 눈 앞에서 들은 일에 무관심한가?

❽ 내 생활을 간섭받기 싫어하고 혼자 있기 좋아하는가?

❾ 새로운 일에 대해, 그 방법을 배워 적응하는데 힘드는가?

❿ 작은 소란이나 소음에 신경질적인가?

⓫ 타인과 접촉시 부끄러워지는가?

⓬ 사회 변화에 의심이 많은가?

⓭ 자신의 감정에 지나치게 쏠리고 있지는 않은가?

⓮ 들은 일을 쉽게 잊어버리지 않는가?

⓯ 수집 취미 – 불필요한 고물이 많은가?

7. 다음은 심리학적 관점에서 노인이 갖고 있는 욕구들을 설명한 것입니다. 노인의 문제와 연관하여 노인의 특성들을 이해하시기 바랍니다.

(1) 심리적 특성

1) 사회적 의존성(social dependency)의 욕구

사회로부터의 윤리와 역할의 상실로 노인들은 자신의 역할을 확인할 수 있는 사회적 접촉의 기회를 요구하게 된다. 특히 핵가족화의 발전으로 가족 내에서조차도 노인들의 역할이 축소됨으로써 이러한 의존성의 고통은 더욱 심각한 문제로 대두되고 있다.

이와 같은 노인들의 사회적 의존성의 특성은 구체적으로는 노년기의 네 가지 고통, 즉 질병과 노환의 고통(病苦), 가난함의 고통(貧苦), 고독과 외로움의 고통(孤獨苦), 역할 상실의 고통(無爲苦)의 원인이 된다.

2) 경제적 의존성(economic dependency)의 욕구

노인들은 직장에서 물러남으로써 정상적인 수입원을 상실하게 된다.

노인들은 경제적인 면에서 가족, 지역사회, 정부 및 복지기관 등의 도움을 필요로 하게 된다. 따라서 그들의 경제적 의존의 욕구를 사회복지 연금, 보험금, 생활보조비 등 가족 및 사회의 도움을 통해서 충족시키려 하는데, 그것이 충족되지 못할 때 생활고(生活苦)로 인한 노인 문제가 발생하게 된다.

세대를 넘어 이어지는 가업(家業)이나 가족 노동의 전통이 사라지고, 노동력이 곧 수입의 원천이 되어 버린 현대 산업 사회에서 노인들은 강제정년(强制停年)에 의해 직업 세계에서까지 내몰려 수입원을 상실하게 되면 경제적인 어려움에 빠지게 된다. 게다가 젊은

층의 희박해진 부양의식과 경로사상의 퇴색으로 노년기의 경제적인 고통은 더욱 심화된다.

3) 신체적 의존성(physical dependency)의 욕구

노인들은 신체적인 기능의 쇠퇴로 인하여 일상생활에서 신체적 운동, 동작, 지각, 감각 등에 대한 외적인 도움을 필요로 하게 되며, 이런 도움이 제대로 제공되지 않을 때 노인들이 겪게 되는 신체적인 문제는 더욱 커지게 된다. 이는 생물학적, 생리적 노화로 인하여 전반적인 신체 기능이 쇠퇴하게 되고, 심혈관계 질환(心血官系 疾患), 노인성 치매나 뇌졸중 등 각종 노인병에 시달리게 됨으로써 겪게 되는 병고(病苦)의 주요 원인이 된다.

4) 심리적, 정서적 의존성(emotional dependency)의 욕구

노인들은 신체적으로 뿐만 아니라 감정적으로도 쇠약해져 가족을 비롯한 다른 사람들로부터의 심리적 지지를 필요로 하며, 외부로부터 그러한 지원을 얻지 못할 때 고독과 소외를 경험하게 된다.

또 이와 더불어 사회의 급격한 변화와 새로운 가치관에 적응하지 못함으로 인하여 노인들은 더욱더 소외를 경험하게 된다.

이러한 심리적, 정서적 의존성은 고독과 외로움으로 인한 고독고(孤獨苦)의 원인으로 작용한다. 한편 노인들은 배우자의 죽음, 절친했던 친구들과의 사별(死別), 자식의 출가로 인한 빈 둥지(empty nest) 현상 등으로 더욱 큰 고독의 어려움을 겪게 된다.

5) 정신적 의존성(mental dependency)의 욕구

이는 기억력과 판단력, 특히 정보 처리의 속도가 쇠퇴함으로써 생겨나는 의존적 특성으로서, 노인들은 기억력과 정보 처리 속도의 쇠퇴로 중요한 문제의 기억이나 판단, 의사 소통 및 의사 결정 등에 있어서 외부의 도움을 필요로 하게 된다.

건망증의 정도가 점차 심해지고, 문제의 판단에서 어려움을 겪게 되는 빈도가 증가하면서 이러한 의존성이 점차 증가하게 된다.

그리고 이러한 도움을 효율적으로 구하지 못하게 될 경우에는 생활에 큰 어려움을 경험하게 되고 무력감에 빠지게 된다.

(2) 노화에 따른 성격의 특성

1) 시간 전망(time perspective)의 변화

사람들은 노년기에 이르면서 일생을 보는 관점이 변화하게 된다. 즉, 인생의 마지막 시점에 초점을 맞추게 되고, 그 마지막 시점으로부터 현재까지의 거리를 계산하게 되므로 지금까지 몇 년 살았는가에서 앞으로 몇 년 더 살 수 있는가로 시간 전망이 변화하게 된다.

2) 신체에 대한 민감한 반응(body monitoring)

노인이 되면서 자신의 신체적 상태에 대하여 지나치게 민감하게 되고, 건강에 매우 조심스럽게 된다. 따라서 심한 경우에는 신체적 증상들과 과잉 반응으로 인해 스스로 병을 만들어내기까지 한다.

3) 내향성과 수동성의 증가

사회적 활동이 감소함에 따라 활동 방향이 바깥세계보다는 점차 자신의 내부로 향하는 경향이 나타난다. 따라서 외부세계보다는 자신의 내면세계에 대한 관심이 증가하여 보다 수동적이고 소극적이 된다.

그러나 오히려 일생 동안 가정에서 살림에 전념해 왔던 여성들의 경우에는 연령의 증가에 따라 더 외향적이고 적극적으로 변화하는 경향도 나타난다.

4) 경직성과 보수성의 증가

연령이 증가함에 따라 새로운 것에 대한 도전을 꺼리게 되고 종전의 것들을 고수하려는 경향이 강해진다. 그러나 실제로 이러한 변화는 성격 자체의 변화라기보다는 다른 원인에 의한 부수적인 결과로 보인다. 즉, 노인들의 경직성과 보수성은 지각 능력의 쇠퇴로 새로운 환경이나 자극에 대한 두려움이 커지고, 반응 시간이 길어지고 신중성이 증가하기 때문이다.

5) 조심성의 증가

노화에 따른 조심성 증가 경향에 대한 설명은 아직 확실한 결론을 내릴 수는 없는 상황이지만, 이와 관련하여 다음 세 가지의 가설들이 있다.

첫째, 동기가설로서 노인 스스로의 의지로써 정확성을 더욱 중시하게 된다는 견해이다.

노인이 되면 보다 정확성을 기하려는 경향이 증가하게 되고 따라서 조심성이 더욱 커진다는 것이다.

둘째, 결과가설로서 감각 능력과 인지 능력 등 신체적, 심리적 메커니즘의 쇠퇴로 인해 생기는 현상이라는 것이다. 즉 시력, 청력, 기타 감각 등의 쇠퇴와 민첩성이나 근력 등의 쇠퇴로 노인들의 조심성이 더욱 증가하게 된다는 것이다.

셋째, 확신 수준의 가설은 결정에 대한 자신감의 감퇴로 결정에 필요한 확실성 수준이 높아진다는 것이다. 즉 노화에 따른 심리적인 이유들로 인하여 자신감이 떨어지고 그 결과 확신을 가질 수 있는 확신의 수준을 더욱 높이 잡게 된다는 것이다.

6) 의존성의 증가

블렝크너(Blenkner)는 노인의 의존성 경향을 경제적 의존성, 신체적 의존성, 정신 능력의 의존성, 사회적 의존성, 심리적 · 정서적 의존성으로 설명하였다.

노인들의 이러한 의존성의 증가 역시 본질적으로 성격적인 변화라기보다는 여러 가지 신체적·심리적·사회적 쇠약과 쇠퇴로 인한 것으로 볼 수 있다.

(3) 동기적 특성

1) 유산을 남기려는 욕구

노인들은 유산을 남기려는 욕구를 가지고 있다. 호랑이는 죽어서 가죽을 남기고 사람은 죽어서 이름을 남긴다는 우리 나라 속담처럼 사람들은 자녀나 손자, 일이나 예술, 재산, 추억, 심지어 자신의 신체나 장기 등을 통하여 자신이 죽은 후에도 자신의 흔적을 영원히 남기고 싶어한다.

이는 자신이 세상으로부터 영원히 잊혀지는 것을 두려워하고, 살아남은 사람들에게 자신의 것을 관대하게 주고자 하는 소망에서 나오는 것이며, 비록 자신은 죽은 후에도 어떤 식으로든 이 세상을 통제하고 싶어하는 욕망과 죽기 전에 자신의 책임을 다하고 싶어하는 소망에서 유래한 것으로 보인다.

2) 영향력을 행사하려는 욕구

연장자로서의 기능과 역할을 하고 싶어하는 경향이다. 즉, 자신이 그 동안 쌓아 온 지식과 경험을 젊은 세대에게 나누어 줌으로써 원로로서의 책임과 역할을 하고자 한다.

이러한 욕구는 상담이나 안내, 지원 등을 통하여 나타나며, 노인들의 이러한 행동이 젊은이들에게는 흔히 지나친 간섭이나 잔소리로 오해되기 쉽다.

3) 친숙한 사물에 대한 애착의 욕구

노인들은 친숙한 사물에 대하여 애착을 지닌다. 노인들에게서 그들의 일상생활을 둘러싼 물건들에 대한 정서적 몰입이 증가하는 경향을 찾아볼 수 있다.

이는 그런 대상들이 계속감을 제공해 줄 수 있으며 기억을 도와주고, 편안함과 안정감 그리고 만족감을 제공해 주기 때문이다.

따라서 오랫동안 정든 물건들은 쉽사리 버리지 못하고 다락방에 차곡차곡 간직하게 되는 것이다.

4) 시간 전망의 변화

시간에 대한 다른 의미를 갖는다. 시간이 흐르는 것에 대한 두려움과 시간에 대한 특별한 의미 부여 등의 특성이 나타난다.

사람이 중년이 지나면서 지금까지 살아온 연수보다는 앞으로 자신에게 남은 햇수에 관심을 갖지만, 더 노화가 진전되면 자신이 언제 죽을지 모른다는 생각 때문에 바로 지금, 여기, 그 순간의 생활에 더욱 큰 중요성을 두게 된다.

이러한 소위 '현재성(presentness)'과 '요소성(elementality)'의 경향은 사물이나 생활의 개별 요소들에 대한 관심을 증대시켜서, 자녀들이나 친구관계 및 인간관계에서도 신체적, 정서적 접촉이나 생김새 등에 따라 중요성을 평가, 분류하게 한다.

5) 인생에 대한 새로운 조망

인생 전반에 대하여 개인적인 의미를 부여하려는 경향이 있다. 따라서 철학, 종교, 예술, 문학 등에 대한 새로운 관심이 증가하고, 인생을 자신의 관점으로 새롭게 조명하려 한다.

6) 호기심의 증가

호기심과 놀라움이 증가한다.

노인이 되면 작은 일에도 더 잘 감동할 뿐만 아니라, 감정의 기복도 커진다. 나이가 들면 어린아이와 같아진다는 통념도 이러한 경향에서 비롯된 것으로 볼 수 있다.

7) 성취감에 대한 욕구

노인이 되면 인생에 대한 성취감을 느끼고자 한다. 이는 일반적으로 생각하는 성공이라는 의미에서 비롯된 것이기보다는 마음의 평정으로부터 오는 것으로서, 자신이 최선을 다했다는 느낌, 도전과 어려움을 극복했다는 성취감, 고난 속에서도 살아남았다는 자위 등이라고 할 수 있다.

8. 성경적 관점에서 노화 과정 이해하기

성경적 관점에서 노화 과정을 이해하는데 몇 가지 중요한 요소가 있다.

첫째, 생명은 고정된 것이 아니다. 생명은 개발되고 성장하고 변화하는 것이며, 이것은 하나님이 창조한 모든 우주의 질서이다. 전도서 저자는 "천하가 범사가 기한이 있고, 모든 목적이 이룰 때가 있나니 날 때가 있고 죽을 때가 있으며 심을 때가 있고 심은 것을 뽑을 때가 있으며"(전 3:1-2)라고 말한다.

선천적이고 불가피한 변화, 그리고 온 우주의 노화 현상은 창조자이신 하나님과 그가 창조하신 우주가 다른 것임을 특징짓는다.

둘째, 노화는 인간 실존에 대한 하나님의 의도적 계획이다.

이것은 인간이 인간으로 창조된 것을 의미하는 한 부분이다.

아담과 하와는 "… 생육하고 번성하여 땅에 충만하도록 …"(창 1:28) 하나님께서 복 주셨다. 이것은 잉태, 출생, 성장의 계속성을 의미한 것이다.

그러므로 노화를 타락의 부정적인 결과로 보아서는 안 된다.

셋째, '연령', '노화', 그리고 '연령 차별'은 동의어가 아니다.

'연령'이란 사람이 계수할 수 있는 나이를 말하는 것이고, '노화'는 모든 생물의 진행 과정을 뜻하며, '연령 차별'은 나이에 따른 차별을 의미한다.

연령 차별은 흔히 노인층과 관련되고 있지만 사도 바울이 디모데에게 "누구든지 네 연소함으로 업신여기지 못하게 하라 …"(딤전 4:12)고 한 것과 같이 젊은 사람도 그러한 선입견과 편견을 경험할 수 있다.

9. 다음은 노년기에 대한 잘못된 생각, 노인에 대한 오해와 편견의 내용들입니다. 잘 읽어 보시고 혹시 잘못된 생각을 갖고 계셨다면 잘못된 생각과 편견을 버리시길 바랍니다. 왜곡된 생각들은 왜곡된 행동의 결과를 낳을 수 있습니다. 대개 많은 사람들이 잘못 생각하고 있는 것들은 다음과 같은 것들입니다.

노년기에 대한 잘못된 인식

❶ 노년이 청년 시절보다 즐겁지 못하고 활력도 없다는 사실은 인정할 수밖에 없다.

❷ 기억력이 나이와 더불어 쇠퇴하는 것은 불가피하다.

❸ 노년은 본래 육체적으로나 정신적으로 젊은 시절보다 건강하지 못하다.

❹ 노년은 일종의 병이며 무능력이나 건강이 좋지 않다는 말과 동의어이다.

❺ 노년은 불가피한 쇠퇴기이며 계속되는 성장이나 발전은 기대

할 수 없다.

❻ 새로운 생각들을 흡수할 수 있는 능력이나 새로운 기술들을 익힐 수 있는 노력은 늙을수록 반드시 감퇴한다.

❼ 노년이라고 고통이 줄어드는 것이 아니며, 노인들이 불행한 것은 당연하다.

❽ 노년기에 새로운 인간관계를 형성해서 유지한다는 것은 어렵고 사실 불가능하다.

❾ 시간의 흐름은 그것 자체로서 변화와 노령화에 따른 능력 감퇴의 정확한 지표가 된다.

❿ 정년을 65세로 정해 놓은 것은 과학적인 근거가 있다.

⓫ 노년에는 반드시 자제력을 상실하게 된다.

⓬ 노인들을 위한 거주 시설은 대부분 분위기가 침울하고 감옥 같다.

⓭ 억압되지 않은 진정한 기쁨과 즐거움은 노년에게서 기대하기 어렵다.

10. 다음은 노인에 대한 격언들입니다.

당신은 노인을 어떻게 생각하십니까? 당신의 생각을 말해 보세요.

❶ 노인의 말은 맞지 않은 것이 별로 없다(영국).

❷ 노인에게는 그가 바라기 전에 먼저 드려라(영국).

❸ 노인을 모신 가정은 길조가 있다(이스라엘).

❹ 집안에 노인이 안 계시면 빌어서도 모셔라(그리스).

❺ 젊은이는 용모가, 늙은이는 마음씨가 곱다(스웨덴).

❻ 훌륭한 노인은 앙금을 제거한 포도주와 같다.

❼ 노인이란 아이를 합친 것과 같다.

❽ 노인은 두 번째의 아이

❾ 스스로 노인인 것을 아는 사람은 없다.

❿ 노인을 진정으로 이해하는 사람은 드물다.

⓫ 노인은 유리 그릇 다루듯 해야 하고 어린이 키우듯 모셔야 한
다.

⓬ 노인의 머리, 청년의 손

⓭ 노인은 무엇인가 매일 새로운 것을 알게 된다.

⓮ 노인은 신중하며 젊은 사람은 용감하다.

이 시는 노인기의 의미를 생각해 볼 수 있는 글입니다. 마음에 어떤 그림이
떠오르나요?

겨울 나무야 울지 마라

봄에는 나무에 꽃이 피네.
여름에는 나무에 잎이 무성하네.
가을에는 나무에 열매 소담지네.
겨울에는 나무에 기다림 있네.

꽃이 다 지고 난 뒤에야
잎이 다 떨어진 뒤에야
열매가 다 없어진 뒤에야
가지는 꿈을 잉태하네.

겨울 나무야 슬피 울지 마라.
참고 견디는 것이 너의 임무다.
바람이 차고 겨울이 깊으면
화창한 봄날이 멀지 않다.

봄에는 나무에 꽃이 피네.
여름에는 나무에 잎이 무성하네.
가을에는 나무에 열매 소담지네.
겨울에는 나무에 위로가 있네.

인생의 황혼에 서서

주님, 알고 있습니다.
당신 앞에
제가 멋있어야 할 필요가 없다는 것을.
그냥 있는 그대로의 저이면 족하다는 것을.

그러함에도, 그러함에도 불구하고
저는 받아들이고 싶지 않습니다.

소리내어 말하기가 두렵습니다.
제가 늙었다는 것을.
저는 제가 늙었음을 느낍니다.
그것이 저는 싫습니다.

제가 얼마나 그리워하는지요?
건강과 젊음과 활력을
제가 하고자 하는 것을 할 수 있는 자유를.
저는 이제 분명한 진실과 마주해야 합니다.
다시는 젊은이로 되돌아갈 수 없다는 진실
여러 가지 문들이
제게 영원히 닫혀져 버렸다는 사실입니다.

누군가에게 의지해야만 한다는 것에
당혹감을 느낍니다.

노인으로 간주된다는 것에

구세대라는 소리를 듣는 것에 아픔을 느낍니다.

때때로, 저는 의문이 떠오릅니다.

내가 한낱 부담스러운 짐덩어리는 아닐까?

나의 남은 여생이 의미 없는 공허는 아닐까?

그러나

저의 혼돈과 고독 안으로

당신은 손을 내미십니다.

내내 결코 거두시지 않으셨던 손을.

당신께서는 제게 속삭이십니다.

전에는 제가 알지 못하던 비밀을.

계절마다 각기 고유한 아름다움이 있노라고

한 해가 단지 여름으로만 이루어져 있지 않노라고

당신은 제게 말씀하십니다.

저의 나이가 제게 주는 연륜

다른 이들에게 필요한 탁월함이

저의 황혼의 언덕에 자리하고 있는 것입니다.

그것은 연민과 관대함,

지혜와 유머

그리고 다른 이들로 하여금 승진할 기회를 주는 것입니다.

저는

인생이라는 연회에서 저의 자리를 누렸습니다.

이제 저로 하여금

누군가가 저의 자리를 차지하는 것을

감사로이 바라보게 해 주십시오.

다른 이가 제가 이루었던 일들을 물려받을 때
저의 자리에서 물러나
석양을 바라보는 것은 좋은 일입니다.
그들이 저의 잔잔함으로부터
나이가 든다는 것도 은총이라는 것을 배우게 해 주십시오.

저의 실패가 그들에게 신중함과 평형을 가르치게 해 주십시오.
인생에는 일과 활동보다 훨씬 더 많은 것들이 있습니다.
고요함과 포기로부터 성숙을 체험합니다.

당신께 감사를 드립니다.
여유롭게 시간을 보낼 수 있었던 지난 몇 해에 대해.
제게 그들의 시간과 사랑을 쏟는 다정한 사람들에 대해.
아직도 제가 지니고 있는 저의 기억과 건강과 힘들에 대해.

당신께 감사를 드립니다.
자연의 아름다움, 아이들의 웃음소리
저를 둘러싸고 있는 모든 삶의 모습들에 대해.
당신께 감사를 드립니다.
책과 음악과 대중 매체가 제공하는 것들에 대해.

당신께 감사를 드립니다.
당신의 현존에 대한 확신에 대해.
당신이 날마다 주시는 힘에 대해.
제가 체험하는 평온함과
제게 포기하라고 가르쳐 주는 한계들에 대해 감사를 드립니다.

제가 지쳤을 때, 저를 도와 주십시오.
제가 나약할 때, 제게 힘을 주십시오.
저의 고독을 당신 현존의 따사함으로 채워 주십시오.
제가 비틀거릴 때, 저의 손을 잡아 주십시오.
어느 때보다 지금 저와 함께 해 주십시오.
저의 마지막 여정을 잘 준비할 수 있게 해 주십시오.

저는 알고 있습니다.
이제 시작일 뿐, 끝이 아니라는 것을.
제가 누리는 이 삶은
죽음 너머 저를 기다리고 있는
영원한 삶의 그림자일 뿐.
제가 부여잡고 있는 이 세상은
저의 본향이 아니라는 것을.
저의 믿음과 희망을 키워 주십시오.
밤과 낮을 통해
당신이 저를 어루만지시고 계심을 느낄 수 있도록.
저의 시야를 변화시켜 주십시오.
당신이 저를 초대하시는 향연을 볼 수 있도록.

결코 잊지 않도록 도와 주십시오.
제가 기도할 수 없고
당신을 생각할 수 없을 때에도
제가 당신 눈에 버려지지 않았다는 것을.
제가 당신 손에서 받은 모든 좋은 것들이
당신을 신뢰하도록 가르치기에

저를 당신께 온전히 맡겨드립니다.

지금
저의 온 마음으로 그렇게 하오며
당신의 힘과 당신의 보호를 청합니다.

계속 저와 함께 머물러 주십시오.
그리고 저를 담아 주십시오.
당신의 마음 안에 저를 위해 마련해 주신
작고 따뜻한 구석 한모퉁이 안에.
그것이 제게 필요한 전부입니다
그것이 제가 청하는 모두입니다.

- 조 만나스 -

17세기 어느 노인의 기도

주여! 주님은 제가 지금 이 순간에도 늙어가고 있다는 것과

언젠가는 백발 노인이 되리라는 것을 나 자신보다 더 잘 아십니다.

모든 문제와 형편에 대해 내가 일일이 다 언급해야 한다고

생각하는 치명적인 습성을 멀리하게 하시고

모든 사람들의 일을 다 바로 잡아 주려고 애쓰지 않게 하소서.

생각을 깊게 하되, 침울하지 않게 하시고

남을 도와주되 나서지 말게 하소서.

나의 지혜의 방대한 보고를 전혀 사용하지 않는다면

매우 유감스런 일일 것 같지만 오 주여! 주님은 아시옵니다.

나에게 인생의 황혼기에 여러 벗들이 필요하다는 것을 .

내 마음이 사소한 것들을 끊임없이 되뇌이지 않게 하시고

확실한 곳으로 정확히 도달할 수 있게 하는 날개를 허락하소서.

육체적인 아픔을 발설하지 않도록 입술을 인쳐 주옵소서.

고통이 계속 커지고 반복됨으로써 고통에 대해 날마다

더 익숙해져 갑니다.

다른 사람의 고통의 이야기를 듣고 즐길 수 있을

만큼 여유가 있기를 주께 감히 간구하지는 않습니다.

다만 내게도 고통이 찾아올 것을 인내로 감당할 수 있게 하옵소서.

나는 기억력이 썩 좋아지기를 간구하지는 않습니다.

다만 나의 기억들이 다른 사람들의 기억들과 일치하지 않을 때

겸손함은 더해지고 교만한 마음은 사라지도록 간구할 따름입니다.

때때로 내가 오해하는 영광된 교훈을 깨우쳐 주시고

저를 상냥한 자로 만들어 주소서.

아멘.

두 번째 여정

주님, 아름답게 늙고 싶어요

"나는 노인이 되어서 청력을 얻었네,
예전에는 그냥 귀만 가지고 있었는데.
그리고 시력을 얻었네,
예전에는 그냥 눈만 가지고 있었는데.
시간을 아껴 살고 있네,
예전에는 그냥 지나가는 세월이었는데,
그리고 진리를 알았네,
예전에는 그냥 학문적인 지식만 알았었는데 … "

– 헨리 데이비드 소로우 –

"사랑이라는 온유한 활동과 더불어 그대의 심령을
하나님께 들어올리라. 하나님이 소유하고 계신 것이 아니라
하나님 한분만을 생각하라.
하나님 외에는 아무것도 생각하지 마라."

– 『미지의 구름』의 저자 –

시편 92편 12-15절

12 의인은 종려나무처럼 우거지고,
레바논의 백향목처럼 높이 치솟을
것이다.
13 주님의 집에 뿌리를 내렸으니, 우
리 하나님의 뜰에서 크게 번성할
것이다.
14 늙어서도 여전히 열매를 맺으며,
진액이 넘치고, 항상 푸르를 것이
다.
15 그리하여 주님의 올곧으심을 나타
낼 것이다. 주님은 반석이시요, 그
에게는 불의가 없으시다.

이사야 46장 3-4절

3 "야곱의 집안아, 이스라엘 집안의
모든 남은 자들아, 내 말을 들어
라. 너희가 태어날 때부터 내가
너희를 안고 다녔고, 너희가 모태
에서 나올 때부터 내가 너희를 품
고 다녔다.
4 너희가 늙을 때까지 내가 너희를
안고 다니고, 너희가 백발이 될
때까지 내가 너희를 품고 다니겠
다. 내가 너희를 지었으니, 내가
너희를 품고 다니겠고, 안고 다니
겠고, 또 구원하여 주겠다.

에베소서 3장 16-21절

16 아버지께서 그분의 영광의 풍성하
심을 따라 그분의 성령을 통하여
여러분의 속 사람을 능력으로 강
건하게 하여 주시고,
17 믿음으로 말미암아 그리스도를 여
러분의 마음 속에 머물러 계시게
하여 주시기를 빕니다. 여러분이
사랑 속에 뿌리를 박고 터를 잡아
서,
18 모든 성도와 함께, 여러분이 그리
스도의 사랑의 너비와 길이와 높
이와 깊이가 어떠한지를 깨달을
수 있게 되고,
19 지식을 초월하는 그리스도의 사랑
을 알게 되기를 빕니다. 그리하여
하나님의 온갖 충만하심으로 여러
분이 충만하여지기를 바랍니다.
20 우리 가운데서 일하시는 능력을
따라, 우리가 구하거나 생각하는
것 이상으로 더욱 넘치게 주실 수
있는 분에게,
21 교회 안에서와 그리스도 예수 안
에서, 영광이 대대로 영원무궁하
도록 있기를 빕니다. 아멘.

시편 71편 1-24절

1 주님, 내가 주님께로 피합니다. 보호하여 주시고, 수치를 당하는 일이 없게 해주십시오.
2 주님은 의로우시니, 나를 도우시고, 건져 주십시오. 나에게로 귀를 기울이시고, 나를 구원해 주십시오.
3 주님은 나의 반석, 나의 요새이시니, 주님은, 내가 어느 때나 찾아가서 숨을 반석이 되어 주시고, 나를 구원하는 견고한 요새가 되어 주십시오.
4 나의 하나님, 나를 악한 사람에게서 건져 주시고, 나를 잔인한 폭력배의 손에서 건져 주십시오.
5 주님, 주님 밖에는, 나에게 희망이 없습니다. 주님, 어려서부터 나는 주님만을 믿어 왔습니다.
6 나는 태어날 때부터 주님을 의지하였습니다. 어머니 뱃속에서 나올 때에 나를 받아 주신 분도 바로 주님이셨기에 내가 늘 주님을 찬양합니다.
7 나는 많은 사람에게 비난의 표적이 되었으나, 주님만은 나의 든든한 피난처가 되어 주셨습니다.
8 온종일 나는 주님을 찬양하고, 주의 영광을 선포합니다.
9 내가 늙더라도 나를 내치지 마시고, 내가 쇠약하더라도 나를 버리지 마십시오.
10 내 원수들이 나를 헐뜯고, 내 생명을 노리는 자들이 나를 해치려고 음모를 꾸밉니다.
11 그들이 나를 두고 말하기를 "하나님도 그를 버렸다. 그를 건져 줄 사람이 없으니, 쫓아가서 사로잡자" 합니다.
12 하나님, 나에게서 멀리 떠나지 마십시오. 나의 하나님, 어서 속히 오셔서, 나를 도와주십시오.
13 나를 고발하는 자들이 부끄러움을 당하고, 흔적도 없이 사라지게 해주십시오. 나를 음해하는 자들이 모욕과 수치를 당하게 해주십시오.
14 나는 내 희망을 언제나 주님께만 두고 주님을 더욱더 찬양하렵니다.
15 내가 비록 그 뜻을 다 헤아리지는 못하지만 주님의 의로우심을 내 입으로 전하렵니다. 주님께서 이루신 구원의 행적을 종일 알리렵니다.
16 주님, 내가 성전으로 들어가 주님의 능력을 찬양하렵니다. 주님께서 홀로 보여 주신, 주님의 의로우신 행적을 널리 알리렵니다.

17 하나님, 주님은 어릴 때부터 나를 가르치셨기에, 주님께서 보여 주신 그 놀라운 일들을 내가 지금까지 전하고 있습니다.

18 내가 이제 늙어서, 머리카락에 희끗희끗 인생의 서리가 내렸어도 하나님, 나를 버리지 마십시오. 주님께서 팔을 펴서 나타내 보이신 그 능력을 오고오는 세대에 전하렵니다.

19 하나님, 주님의 의로우심이 저 하늘 높은 곳까지 미칩니다. 하나님, 주님께서 위대한 일을 하셨으니, 그 어느 누구를 주님과 견주어 보겠습니까?

20 주님께서 비록 많은 재난과 불행을 나에게 내리셨으나, 주님께서는 나를 다시 살려 주시며, 땅 깊은 곳에서, 나를 다시 이끌어내어 주실 줄 믿습니다.

21 주께서는 나를 전보다 더 잘되게 해주시며, 나를 다시 위로해 주실 줄을 믿습니다.

22 내가 거문고를 타며, 주님께 감사의 노래를 부르렵니다. 나의 하나님, 주님의 성실하심을 찬양하렵니다. 이스라엘의 거룩하신 주님, 내가 수금을 타면서 주님께 노래를 불러 올리렵니다.

23 내가 주님을 찬양할 때에, 내 입술은 흥겨운 노래로 가득 차고, 주님께서 속량하여 주신 나의 영혼이 흥겨워할 것입니다.

24 내 혀도 온종일, 주님의 의로우심을 말할 것입니다. 나를 음해하려던 자들은, 오히려 부끄러움을 당하고, 오히려 수치를 당할 것이기 때문입니다.

1. 시편 71편을 묵상해 보세요. 이 시편은 하나님 안에서 아름답게 늙은 사람의 기도시입니다. 이 사람이 어떻게 아름답고 원숙하게 늙었는지 그 과정을 깊이 생각해 보고 나의 기도시를 만들어 보세요.

❶ 나는 어릴 적부터 하나님께 의지했던 무수한 순간들을 기억하며 끝없는 놀라움과 감사를 노래할 것이다.

• 시 71:5

• 시 71:17

❷ 나는 곤경이 닥칠 때마다 화를 내기 보다는 하나님께 피할 것이다.

• 시 71:1

❸ 나는 내 입에 불평이 사라질 때까지 하나님의 위대하심을 더욱더 찬송할 것이다.

• 시 71:6, 71:14

❹ 나는 끈기있게 소망을 품고 절망에 굴복하지 않을 것이다.

• 시 71:14

❺ 나는 만나는 사람마다 하나님의 놀라우신 구원의 역사를 전할
  것이다.

• 시 71:15

❻ 나는 젊은이들에게 하나님의 능력에 대하여 말할 것이다. 하
  나님은 우리가 젊을 때나, 늙을 때나 항상 의지할 수 있는 분
  임을 가르쳐 줄 것이다.

• 시 71:18

❼ 하나님께서 나의 생각을 뛰어 넘어 행하신 위대한 일들을 기
  억할 것이다.

• 시 71:19

❽ 나는 모든 고난과 괴로움들을 하나님의 선물로 여기며 영광에
  이르는 길로 여길 것이다.

• 시 71:20 ....

....

❾ 나는 부정적이고 비관적인 사고 방식을 버리고 하나님을 즐거
워하고 기쁨으로 살 것이다.

• 시 71:22-23 ....

....

2. 다음은 뉴가르턴이 노인의 유형을 8가지로 설명하고 있는 것입니다.
여러분은 어느 유형에 속하는지 서로 나누어 보세요.

❶ 재구성자형 – 은퇴 후에도 자신의 시간과 생활 양식을 재구성
하여 모든 분야의 활동을 계속하는 사람
❷ 초점형 – 활동적이고 생활에 잘 적응하고 있으나 분산시키지
않고 오직 한 두 분야에만 활동을 집중시키며 생활
의 만족을 구하고 있는 사람
❸ 유리형 – 신체도 건강하고 생활에의 적응 수준도 높지만 스스
로 활동하는 일이 없이 조용히 지내는 사람
❹ 계속형 – 심리적으로 잘 적응하고 있으나 활동의 기본 동기가
노화 방지에 있으며 만일 활동을 중지하면 빨리 늙
어 버릴까 두려워하여 활동에 얽매이는 사람
❺ 위축형 – 신체적 쇠약과 감각 기능의 퇴화같은 노화의 위협에
사로잡혀 타인과 별다른 사회적 접촉없이 폐쇄적으
로 살아가는 사람
❻ 구원요청형 – 몇 명의 가족이나 친지에게 심리적으로 의존하
며 살아가는 사람

❼ 무감각형 – 신체적 건강 유지를 위한 활동 이외에는 거의 활동이 없는 가운데 무기력, 무감각하게 되고 완전히 수동적으로 행동하는 사람

❽ 조직와해형 – 심리적 기능 즉 사고 지능 그리고 판단 능력이 결핍되고 정서적 반응이 일관성이 없는 가운데 생활 만족도가 낮은 사람

3. 루이스 쉐릴은 행복한 노년이 되기 위하여 노인의 삶속에서 3가지 단순화가 이루어져야 한다고 말합니다.

첫째, 물질적 단순화 – 물질적 축적으로 안위를 얻으려는 삶이 아니라 "적신으로 왔으니 또 적신으로 … "를 절감하며 자신의 물질을 나누는 삶을 살아야 한다.

둘째, 성격의 단순화 – 허식이 없어지고 솔직담백해져야 한다. 언제 어디서나 솔직하고 평화스럽고 누구에게나 고향처럼 느끼게 할 만한 성숙이 필요하다.

셋째, 영적 단순화 – 노인이 되면서 신앙 형태가 부정적으로 나아가기 쉽다. 무조건 교리적 비판에 치우치거나 독선적이 될 수 있다. 아니면 활동에만 취해 버려 내적 성숙을 소홀히하거나 업적을 자랑하기 쉽다. 그러나 영적으로 깊이 성숙하고 내면 세계가 풍요로워져야 한다.

성숙한 노인은 더 넓은 사랑의 세계로 나아가는 영적 성숙이 필요하다.

행복한 노인은 생의 의미를 하나님과 인간에게 봉사하는데 초점을 둔다.

❶ 물질적 단순화를 이루기 위해 내가 해야 할 일은 무엇이 있습니까?

____

____

❷ 성격의 단순화를 위해 내가 해야 할 일은 어떤 것이 있습니까?

____

____

❸ 영적 단순화를 위해 내가 해야 할 일은 무엇이 있습니까?

____

____

4. 영적으로 풍요하며 아름다운 노년기를 보내기 위해 해야 할 몇 가지 지혜를 소개합니다.

❶ 노년기의 변화를 수용하기
❷ 홀로서기를 연습하기
❸ 창조적인 삶을 계발하기
❹ 삶의 미완성을 수용하기
❺ 죽음을 준비하기

❻ 죽음을 수용하기

내가 해야 할 일은 또 무엇이 있습니까?

....

5. 카프란은 노인들의 욕구를 다음과 같이 설명하고 있습니다.

❶ 사회적으로 유용한 서비스를 제공하려는 욕구
❷ 자신이 사회의 한 부분으로 인정 받고자 하는 욕구
❸ 여가 시간을 만족스러운 방법으로 사용하려는 욕구
❹ 정상적으로 동반자 관계를 즐기려는 욕구
❺ 개인적으로 인정받고 싶은 욕구
❻ 자기 표현과 성취감의 기회를 가지려는 욕구
❼ 건강을 유지하고 보호하려는 욕구
❽ 적절한 정신적 자극을 가지려는 욕구
❾ 적절한 주거 조건과 가족 관계를 가지려는 욕구
❿ 정신적인 만족을 얻으려는 욕구

나에게는 어떤 욕구들이 있는지 서로 나누어 보세요.

....

....

다음은 창조적이고 건강한 노화를 위한 여러 가지 지혜들을 소개하고 있습니다. 잘 읽어 보시고 나의 창조적 노화를 위해 해야 할 일이 무엇인지 깊이 생각해 보시길 바랍니다.

(1) 창조적 노년기를 위한 종교적 신념과 과제

❶ 개인구원 ─ 구원의 확신
❷ 산 소망
❸ 개인을 향하신 하나님의 무조건적인 사랑
❹ 순례자로서의 삶
❺ 공허감과 고독에 대한 영적 훈련
❻ 믿음의 전수
❼ 영원을 위한 준비
❽ 용서와 화목의 삶
❾ 은혜에 대한 감사
❿ 섬김과 나눔의 삶

(2) 건강하고 성숙한 노화의 삶

❶ 하나님과의 관계 : 하나님이 부르시면 언제든지 홀가분하게 천국으로 자신도 떠나고 이웃도 떠나 보낼 마음을 갖고 생명의 주도권을 하나님께 완전히 이전하고 사는 삶을 산다.

❷ 이웃과의 관계 : 모든 인간관계 속에서 자기 위치를 지키고 용서하며 사랑하고 섬기는 삶을 산다.

❸ 일과 시간과의 관계 : 자신에게 주어진 일에 최선을 다하고 책임을 지며 협력하는 삶을 산다.

❹ 소유물과의 관계 : 모든 것을 두고 떠날 날이 있음을 기억하고 주어진 것에 만족하며 사랑의 빚 외에는 지지않고 나누며 사는 삶을 산다.

❺ 자신과의 관계 : 그리스도인으로서 자존감을 가지고 십자가를 지고 주님을 따라가는 삶을 산다.

(3) 노인기에 필요한 교육

❶ 노령화에 수반되는 정체성의 위기를 노인들이 스스로 극복하여 자아 통합을 이룰 수 있는 교육 활동

❷ 새로운 인생주기에 직면하여 변화하는 상황에 대처할 수 있는 능력을 증진시키고, 자기의 위치에 적합한 자기 실현과 자기 성장을 보장할 수 있는 지속적인 교육

❸ 인간으로서 성숙기에 도달한 노인들이 자기 실현과 자기 성장을 보장할 수 있는 계속적인 교육 활동

❹ 하나의 존엄한 인간으로서 나름대로의 보람찬 생활 스타일을 전개할 수 있는 활동

❺ 죽음의 두려움을 극복하고, 영생의 소망을 가지도록 신앙을 확립하는 활동

❻ 정서적, 지성적, 신체적, 사회적, 영적 건강을 도모할 수 있는 전인적 교육 활동

(4) 창조적이고 건강한 노년의 확신

❶ 나는 하나님께서 나를 사랑하신다는 것을 확신한다.

❷ 하나님께서 나를 다스리신다는 것을 확신한다.

❸ 나는 예수 그리스도를 통해 정결하게 된 것을 확신한다.

❹ 나는 하나님께서 나의 선을 위하여 역사하시는 것을 확신한다.

❺ 나는 축복 받았음을 확신한다.

❻ 나는 예수님께 나의 두려움을 맡겼다.

❼ 나는 그리스도 안에서 나 자신을 용납한다.

❽ 나는 하나님의 자녀가 되는 기쁨을 누릴 권리가 있다.

❾ 하나님께서 나의 고통스러운 과거의 기억을 치유하심을 믿는다.

❿ 나는 하나님께서 나를 있는 그대로 용납하실 것을 확신한다.

7. R. W. **칼슨은 바람직한 노인상을 다음과 같이 말하고 있습니다.**

❶ 계속해서 배우고 변화와 새 생각에 열려 있는 자

❷ 다양한 경험을 하고 그것들을 함께 나눌 수 있는 자

❸ 의견이나 행동이 다름에도 불구하고 다른 사람을 수용하는 자

❹ 자신의 한계를 인식하고 있고 다른 사람이 그 사실을 아는 것에 대해 안정감을 느끼는 자

❺ 내일을 두려워하기보다 기다리는 자

❻ 일의 긍정적인 면을 볼 줄 아는 자

❼ 자신을 알고 다른 사람과 교통할 수 있는 자

❽ 다른 사람에게 줄 능력이 있는 자

❾ 무엇이라고 규정할 수 없는 '어떤 것'을 지닌 자

❿ 다른 사람과 '더불어 함께' 하는 능력이 있는 자

⓫ 자신을 돌보는 자

⓬ 유머 감각이 있어서 그 눈에서 빛이 나는 자

나에게는 어떤 바람직한 노인으로서의 모습이 있습니까? 내 주변의
바람직한 모델을 말해 보세요.

....

....

8. 다음은 건강하고 활력 있는 멋진 노인들을 위한 십계명입니다. 다음을
   잘 읽고 자신의 삶과 비교해 보세요.

❶ 늙는 데 저항하지 않고 순응한다.

노인에게는 평화로운 표정이 가장 제격이다. 생로병사는 인생의
철칙이요 불로장생은 허망한 꿈이라는 달관만이 평화를 선물한다.

❷ 호기심과 관심을 버리지 않는다.

"그걸 알아서 뭘 해?" 라고 생각한다면 늙었다는 징조이다. 세상
사를 알려는 노력이 화제와 교류를 낳는다.

❸ 지나치게 바라지 않는다.

물품 제공과 노력 봉사를 받는 것은 노인의 당연한 특권이 아니
다. 반대로 남을 위한 봉사가 젊음에 정비례한다는 사실을 알아야
한다.

❹ 신변을 청결하게 가꾼다.

늙은이는 더럽고 냄새난다는 말이 있다. 몸을 항상 깨끗이 하고
치장에 신경을 써야 소외를 면할 수 있다.

❺ 가족간에도 매너가 있어야 한다.

가장 높은 자리에 있다고 언동을 함부로 하면 미움을 산다. 칭찬
과 위로의 말은 가족간에서 윤활유 역할을 한다.

❻ 감사 표시에 적극적이어야 한다.

고맙다는 인사를 노인의 유일한 무기로 알고 사소한 도움에도 감

사 표시를 아끼지 않는 습관을 길러야 한다.

❼ 과거를 되풀이하지 말아야 한다.

노인이 겪었다는 영광과 불행은 듣는 사람에게는 별로 흥미가 없다. 노인의 현재 위상이 과거를 실증하고 있으므로 이야기의 씨가 먹히지 않는다.

❽ 혼자서 시간을 보낼 수 있어야 한다.

특정한 취미가 없으면 화초를 가꾸거나 바둑이라도 해야 한다.

❾ 행동 범위를 넓히도록 한다.

모시러 올 리는 만무하니 이쪽에서 나서야 한다. 참여와 활동이 삶에 보람을 준다.

❿ 몸이 굳지 않을 만큼 움직여야 한다.

거동이 불편하면 소외를 당한다. 불용퇴화의 원칙을 명심하여 몸을 항상 놀려야 한다.

9. 행복한 노후는 주어지는 게 아니라 스스로 만들어야 합니다. 노년기를 아름답게 보내기 위해 날마다 체크 하셔야 할 일을 소개합니다.

❶ 오늘 하루 언제든 하고 싶은 일을 하셨습니까?

❷ 오늘 하루 새로운 것을 배우도록 힘쓰셨습니까?

❸ 오늘 하루 친절을 베푸셨습니까?

❹ 오늘 하루 적극적으로 행동하셨습니까?

❺ 오늘 하루 감사할 조건을 찾으셨습니까?

❻ 오늘 하루 영적 활동을 많이 하셨습니까?

❼ 오늘 하루 하늘 창고에 많이 쌓으셨습니까?

"너는 너의 믿음만큼 젊고
너의 의심만큼 늙으며
너의 희망만큼 젊고
너의 절망만큼 늙는다."

– 맥아더 장군 –

너무 늦었어! 아 아니다.
지친 심장이 멈출 때까지는 늦은 것이라고는
아무 것도 없어.
카토는 여든 살에 헬라어를 배우고
여든 살이 훨씬 지난 나이에
소포클래스는 그의 위대한 『오디푸스』를 썼고
시모니데스는 그의 동료들에게 시에 대한 찬사를 얻었다.
데오프라스투스는 90세에 인간의 특성을 쓰기 시작했다.

초오서는 60세 때 나이팅게일들과 더불어
우드스톡에서 『캔터베리 이야기』를 썼다.
괴테는 여든 살이 지나 바이마르에서
최후까지 『파우스트』를 완성하지 않았던가!

그렇다면 우리는 어떻게 해야 할까?
게으르게 가만히 앉아서

낮은 가고 밤이 왔구나 하고 한탄만 해야 할까?
노령은 결코 젊음보다 못한 시기가 아니니
옷만 다르게 입었을 뿐이다.
저녁 노을이 지면 밤하늘에 별들이 총총 빛나지 않는가!
낮에는 볼 수 없던 별들이 …

– 롱펠로우 –

사람을 늙게 하는 것은 연수가 아닙니다.
사람의 젊음과 늙음은 그 마음에 있습니다.
수많은 세월을 생의 바퀴가 굴러 왔지만
주를 앙망하는 자는 언제나 젊음을 간직하리라는
하나님의 복의 말씀은 불변합니다.

"소년이라도 피곤하며 곤비하며 장정이라도 넘어지며 자빠지되 오직 여호와
를 앙망하는 자는 새 힘을 얻으리니 독수리의 날개치며 올라감 같을 것이요
달음박질하여도 곤비치 아니하겠고 걸어가도 피곤치 아니하리로다." (사
40:30−31)

10. 다음의 말씀을 암송하세요.

바울은 디도에게 나이 많은 남자들에게 무엇을 가르치라고 했습니까?

- 딛 2:2

또한 나이 많은 여자들에게는 무엇을 가르치라고 했습니까?

- 딛 2:3

11. 아브라함이 하나님께 부르심을 받았을 때의 나이는 얼마였습니까?
그리고 하나님은 왜 아브라함을 부르셨습니까?

- 창 12:4

나와 더불어 늙어주오

나와 더불어 늙게 되었구나!

그렇지만 우리는 노년에도 최선을 다해야 해.

인생의 마지막 장인 노년을 위해

인생의 첫장이 시작되었던 것이 아닌가!

우리의 때는 주님의 손에 달렸도다.

내가 모든 것을 계획했노라고 말씀하신 주님의 손에.

젊음은 인생의 반밖에 가르쳐 주지 않은 것이니

주님을 신뢰하라.

그리하면 인생의 전부를 알 수 있으리라.

그리고 두려워 말라.

— 브라우닝 —

주어라

주어라! 하늘에서 넘쳐 흐르는 아침처럼

주어라! 물길이 터져 밀려 내리는 파도처럼

주어라! 자유로이 얻은 창공과 햇빛처럼

아낌없이 온전히 기쁘게 주어라.

그대의 컵에서 넘쳐 흐르는 방울이 아니라 모두를

유월에 만발하는 장미에서 창백한 가지 하나가 아니라 모두를

그대에게 삶을 주신 이가 주셨듯이 주어라.

그대가 줄 날도 거의 다해가나니

꿀벌이 찾아 들던 풀밭에서 토끼풀이 시들기 전에

그대는 벗과 연인에게서 사라지고 말리라.

그대의 바람이 무덤에서 어떻게 이뤄지랴?

족쇄에서 풀리는 사람이 주듯 주어라.

생명, 사랑, 소망 그대의 모든 꿈과 각성도 주어라.

이윽고 천국의 강물이 그대 영혼의 열기를 식히고

하나님께서 주신 선물과 하나님 그분을

그대는 알리라.

− 로우즈 테리 쿡 −

겸손의 기도

오, 마음이 온유하고 겸손하신 예수님,
나의 기도를 들으시어
다음과 같은 욕망과 공포들로부터
나를 구원해 주옵소서.
사랑을 받으려는 욕망에서,
칭찬을 받으려는 욕망에서,
존경을 받으려는 욕망에서,
찬양을 받으려는 욕망에서,
다른 이들보다 우선권을 가지려는 욕망에서,
상담의 대상이 되려는 욕망에서,
인정을 받으려는 욕망에서,
부끄러움을 당할까봐 두려워하는 공포에서,
경멸 당할까봐 두려워하는 공포에서,
책망을 받을까봐 두려워하는 공포에서,
잊혀지게 될까봐 두려워하는 공포에서,

조소당할까봐 두려워하는 공포에서,

부당한 대우를 받을까봐 두려워하는 공포에서,

의심을 사게 될까봐 두려워하는 공포에서 나를 구원해 주옵소서.

그리고 예수님,

나보다 다른 사람들이

더 사랑을 받게 되기를 원할 수 있는 은혜를

나에게 허락해 주옵소서.

나보다 다른 이가 더 존경을 받게 되기를,

나는 쇠하고 다른 이가 흥하게 되기를,

나는 제거되고 다른 이가 선택되기를,

나에게는 주의를 기울이지 않고

다른 이가 찬양을 받게 되기를,

모든 일에 있어서

다른 이들이 나보다 더 우선권을 차지하게 되기를,

내가 마땅히 되어야 할 정도로 거룩해지는 것 외에는

다른 이가 더 거룩하게 되기를 원할 수 있는

그런 은혜를 나에게 허락해 주옵소서.

아멘.

이 모두가 주님의 은혜입니다

"내가 삶의 높이, 깊이, 넓이를 조사할 때 나의 삶에 관한 나의 매번의 발견은 하나님에 관한 하나의 발견이고 이 발견은 곧 하나님과 함께 한 걸음이고 하나님을 향한 걸음인 것이다."

- 존 던네 -

"제가 주님을 뵈올 수 있도록 제게 청결한 마음을 주시고
제가 주님의 음성을 들을 수 있도록 겸손한 마음을 주시며
제가 주님을 섬길 수 있도록 사랑의 마음을 주시고
제가 주님 안에 거할 수 있도록 믿는 마음을 주소서."

- 다크 함마슐드 -

"하나님의 은총만이 존재할 뿐이다.
우리는 은총 위를 걷고 은총으로 숨을 쉬고, 은총으로 살고
은총으로 죽는다. 은총은 우리가 살아가는 데 있어서 반드시
필요한 것이다."

- 로버트 루이스 스티븐슨 -

전도서 3장 1-13절

1 모든 일에는 다 때가 있다. 세상에서 일어나는 일마다 알맞은 때가 있다.
2 태어날 때가 있고, 죽을 때가 있다. 심을 때가 있고, 뽑을 때가 있다.
3 죽일 때가 있고, 살릴 때가 있다. 허물 때가 있고, 세울 때가 있다.
4 울 때가 있고, 웃을 때가 있다. 통곡할 때가 있고, 기뻐 춤출 때가 있다.
5 돌을 흩어버릴 때가 있고, 모아들일 때가 있다. 껴안을 때가 있고, 껴안는 것을 삼갈 때가 있다.
6 찾아나설 때가 있고, 포기할 때가 있다. 간직할 때가 있고, 버릴 때가 있다.
7 찢을 때가 있고, 꿰맬 때가 있다. 말하지 않을 때가 있고, 말할 때가 있다.
8 사랑할 때가 있고, 미워할 때가 있다. 전쟁을 치를 때가 있고, 평화를 누릴 때가 있다.
9 사람이 애쓴다고 해서, 이런 일에 무엇을 더 보탤 수 있겠는가?
10 이제 보니, 이 모든 것은, 하나님이 사람에게 수고하라고 지우신 짐이다.
11 하나님은 모든 것이 제때에 알맞게 일어나도록 만드셨다. 더욱이, 하나님은 사람들에게 과거와 미래를 생각하는 감각을 주셨다. 그러나 사람은, 하나님이 하신 일을 처음부터 끝까지 다 깨닫지는 못하게 하셨다.
12 이제 나는 깨닫는다. 기쁘게 사는 것, 살면서 좋은 일을 하는 것, 사람에게 이보다 더 좋은 것이 무엇이랴!
13 사람이 먹을 수 있고, 마실 수 있고, 하는 일에 만족을 누릴 수 있다면, 이것이야말로 하나님이 주신 은총이다.

시편 28편 6-9절

6 애원하는 나의 간구를 들어 주셨으니, 주님을 찬양하여라.
7 주님은 나의 힘, 나의 방패이시다. 내 마음이 주님을 굳게 의지하였기에, 주님께서 나를 건져 주셨다. 내 마음 다하여 주님을 기뻐하며 내가 지은 노래로 주님께 감사하련다.
8 주님은 주님의 백성에게 힘이 되시며, 기름 부어 세우신 왕에게 구원의 요새이십니다.
9 주님의 백성을 구원하여 주십시오. 주님의 소유인 이 백성에게 복을 내려 주십시오. 영원토록 그들의 목자가 되시어, 그들을 보살펴 주십시오.

나 한 꿈을 꾸었네

어느 날 밤 나 한 꿈을 꾸었네.

나는 내 주님과 함께 해변을 따라 걷고 있었네.

어두운 하늘 저편에는 내 삶의 장면들이 번쩍거렸고

그 장면이 비췰 때마다

나는 두 사람의 발자국이 모래 위에 새겨진 것 보았네.

하나는 내 것이었고 또 하나는 주님 것이었네.

내 앞에 번쩍이는 마지막 장면에서

나는 모래 위 새겨진 발자국을 뒤돌아 보았네.

거기엔 한 사람의 발자국밖에 없었네.

그것은 내 평생에서 가장 침울하고 슬픈 때였네.

그 장면이 늘 나를 괴롭혀 그 곤경에 대하여 주님께 여쭤보았네.

"주님! 내가 당신을 따르기로 결정했을 때 당신은
늘 나와 함께 걸으며 함께 이야기를 나눠 주시겠다고 말씀하셨습
니다.

그런데 내가 삶에서 가장 어려움을 당하고 있을 때
거기에는 한 사람의 발자국밖에 없었다는 것을 알았습니다.
내가 당신을 가장 필요로 할 때 왜 나를 떠나셨는지
이해할 수 없습니다."
그때 주님 속삭이셨네.

"나의 귀한 자여, 나는 널 사랑하고 결코 떠나지 않으리라.
시련과 시험의 때에도 네가 본 한 사람의 발자국은 너를 업었을 때
의 내 발자국이라."

- 마가렛 피쉬백 파워즈 -

1. 인생은 순례의 여정입니다. 삶의 여정여정마다 하나님의 은혜가 숨어 있습니다. 나의 여정을 돌아보면서 즐겁고 재미있었던 일을 이야기해 보세요.

❶ 내가 태어났던 날
❷ 내가 결혼했던 날
❸ 내가 첫 아이를 낳았던 날
❹ 내가 자녀를 출가시켰던 날
❺ 내가 가장 기뻤던 날
❻ 내가 가장 슬펐던 날
❼ 내가 하나님을 만났던 날
❽ 기타

2. 당신의 일생을 과거, 현재, 미래로 나누어 생각해 보고, 당신의 일생을 지탱하는 생애 방패를 작성해 보세요. 해당되는 질문의 답을 각 칸에 그림, 기호, 문자 등을 이용하여 표현하세요.

❶ 당신이 어린 시절부터 지금까지 가장 소중하게 생각해 온 물건을 하나만 쓰세요.

❷ 지금까지 당신의 삶을 한마디로 요약하여 표현한다면 무엇입니까?

❸ 지금 1년 동안 당신이 이룩한 가장 큰 성공은 무엇입니까?

❹ 당신이 당신 자신에 대해 갖고 있는 느낌을 한마디로 표현한다면 무엇입니까?

❺ 앞으로 10년내에 당신의 삶에서 맞이하게 될 가장 큰 사건은 무엇입니까?

❻ 당신이 죽은 지 5년만에 당신의 일대기를 그린 영화를 제작하려고 합니다. 그 제목을 정해 보세요.

3. 가족의 역사 회고하며 서로 나누기

❶ 누가 당신에게 가장 편안함과 따뜻함을 줍니까? 그 이유는 무엇입니까?

❷ 가족 하면 무슨 느낌이 드십니까?

❸ 누구와 가장 가깝게 지냅니까? 그 이유는 무엇입니까?

❹ 중요한 가족들 중 가장 소원하게 지내는 사람은 누구입니까?
그 이유는 무엇입니까? 가까워야 하는데 사실은 그렇지 못한
사람은 누구입니까?

❺ 가족들을 좋아합니까? 왜 그렇습니까 혹은 왜 아닙니까?

❻ 당신 가족의 가장 큰 장점은 무엇입니까? 가장 큰 단점은 무
엇입니까?

❼ 당신 가족들이 가장 좋아하는 것은 무엇입니까?

❽ 가족의 전반적인 분위기나 느낌은 어떻습니까?

❾ 가족간에 갈등이나 문제를 일으키는 주된 영역은 무엇이었습
니까?

❿ 가족의 규칙, 즉 '해야 할 것'과 '하지 말아야 할 것'은 무엇
이었습니까?

❶❶ 어떤 사건이나 경험이 당신의 가족을 분열되게 혹은 더 강하게 결속되도록 만들었습니까?

❶❷ 당신은 가족들로부터 사랑을 받았습니까? 그것을 어떻게 알 수 있었습니까? 과거를 뒤돌아보고 인생의 기나긴 이야기를 더듬어 보세요.

"하나님께서 당신을 실족게 하신 적이 있는가?

그분은 당신보다 앞서 당신 앞에 와 계시지 않던가?

당신은 하나님의 사랑을 잊을 수 있는가?

모든 과거를 간직하고 다가올 미래에는

오로지 하나님만을 의지하라.

만일 당신이 하나님을 소유한다면

이제 더 이상 외롭지 않으며

하나님은 당신에게 모든 것이 되어 주실 것이다."

-Fairlie Thornton -

4. '지금까지 지내온 것 주의 크신 은혜라' 는 찬송을 불러 보세요. 지금까지 나에게 베푸셨던 하나님의 은혜를 나누어 보세요. 우리의 생애중에서 고백할 수 있는 것을 나누어 보세요.

5. 사무엘상 7장 12절에서 사무엘은 이렇게 하나님의 은혜를 노래하고 있습니다. "여호와께서 여기까지 우리를 도우셨다 하고 그 이름을 에벤에셀이라 하니라." 우리의 인생도 에벤에셀의 인생입니다. 하나님의 은혜를 감사하는 노래를 불러 보세요.

6. 성경은 인생을 경주에 비유하고 있습니다. 앞으로의 나의 삶이 아름다운 경주가 되기 위해 해야 할 일은 무엇입니까?

"이러므로 우리에게 구름같이 둘러싼 허다한 증인들이 있으니 모든 무거운 것과 얽매이기 쉬운 죄를 벗어 버리고 인내로써 우리 앞에 당한 경주를 경주하며 믿음의 주요, 또 온전케 하시는 이인 예수를 바라보자. 저는 그 앞에 있는 즐거움을 위하여 십자가를 참으사 부끄러움을 개의치 아니하시더니 하나님 보좌 우편에 앉으셨느니라." (히 12:1-2)

7. 다음의 글을 읽어 보세요.

어떤 나무의 자성록

"내가 어렸을 때, 나는 아무 것도 알지 못하였다.
그러나 조금씩 키가 크며 나 자신을 보게 되었을 때, 다른 나무와
차이를 알아채기 시작하였다.
내 키는 조그맣고, 줄기와 기둥에는 여기저기 옹이와 매듭 투성
이이고 그것마저 구부러져 변형되어 있는 데다가 뿌리는 바위에
꼭 박혀 있어야만 하였다.
하지만 다른 나무들은 우람했다.
저만큼 우뚝 솟아 있는 튼튼한 너도밤나무, 쭉 뻗어 있는 전나무,
아름다운 황금빛 가을 풍경 속에서 자태를 뽐내는 단풍나무, 당
신도 알다시피 내 자리라고 할 수 있는 것은 바위 뿐이었다.

나는 바람이 나의 가지들과 놀 수 있을 정도로 빗물이 잎사귀에
떨어져 태양이 부드럽게 그 빗물을 말릴 수 있을 정도로 훤칠하
고 아름답게 키가 크기를 항상 바랐다.
그러나 나는 언제나 무척 작은 상태 그대로였다.
바람은 바위에 부딪치면서 무자비하게 내 가지들을 뒤흔들어 대
었다.
태양은 계곡과 반대편 능선 위에 있는 아름다운 나무들에는 빛을
주면서도 나에게는 한낮이 되어 바위 뒤로 얼굴을 숨기기 전 잠
깐 비추고 지나갔을 뿐이다.

나는 왜 이곳에서 자라게 되었는가?
바위 틈새에 있는 한 줌도 채 안되는 이 흙은 내가 큼직하게 자랄

정도로 영양분을 공급하기에는 턱없이 부족하였고 나의 아름다움을 발현하도록 하기에는 더욱 역부족이었다. 나는 나의 운명에 만족할 수가 없었다.

나는 왜 이런 존재가 되어야만 하는가?

어느 아름다운 봄날 아침, 계곡에서 흙 냄새가 물씬 풍겨 오르고 지바퀴 새가 아름다운 목소리로 아침을 노래하고 첫 햇살이 나의 잎사귀들에 키스를 했을 때, 놀라운 기운이 나를 감싸고 따스하게 하였다.

나는 이 얼마나 멋있는 장관을 즐기고 있었던가?

다른 어느 나무도 나만큼 계곡을 멀리까지 바라보지는 못하였으며 나의 등을 받치고 있는 바위는 위쪽의 빙하에서 내려오는 냉기를 막아주고 있지 않은가?

그 날부터 나는 성찰을 하기 시작하였다. 그리고 내가 존재하고 있는 바로 그대로 아주 중요한 존재라는 점을 더욱 분명하게 알게 되었다.

나의 특징은 구부정한 몸통, 옹이가 박힌 뿌리, 조그마하지만 단단한 줄기들이다.

나는 내가 있는 곳에 적절하며 대단히 값어치가 있는 존재이다.

내가 해야 하는 것이라고는 내 눈을 떠서 나를 올바로 보는 것이 전부이다.

맞은 편 능선에 있는 소나무들이나 계곡에 있는 너도밤나무들 역시 모두 제 나름대로의 아름다움을 갖고 있고 적절한 위치에 있었다.

그러나 나 역시 내 공간을 가지고 있으며 좁은 바위 면이 바로 내가 소속해 있는 자리인 것이다.

내가 이 점을 깨닫기까지 왜 그렇게도 많은 시간이 걸렸을까?

- Willie Hoffsuemmer -

나 자신을 나무와 비교하여 묵상해 보세요.

❶ 나는 나 자신을 있는 그대로 수용하고 있는가?

❷ 나는 나 자신을 어떻게 보고 있는가?

❸ 나는 하나님께 화를 내고 있는가?

❹ 나는 내 삶에 대하여 만족하고 있는가?

❺ 내가 누린 은총은 무엇인가?

❻ 나의 아름다움은 무엇인가?

❼ 나의 삶에 대해 감사하고 있는가?

사랑은 길을 알려 준답니다

사랑은 고향으로 가는 길을 알려 준답니다.
자신의 열망을 가슴에 담아 두기만 할 수 있는 건
아무것도, 정말 아무것도 없답니다.

우리 분노 속으로 우리 증오 속으로
스스로 자신을 무시하는 바로 그 질병 속으로
사랑은 바로 그곳으로 가는 길을 알려 준답니다.

우리 자만심과 우리의 불신 속으로
압박감의 그 덩어리 속으로
사랑은 바로 그곳으로 가는 길을 알려 준답니다.

우리의 죄와 우리의 수치심 속으로
두려움이 마비된 그 속으로
사랑은 바로 그곳으로 가는 길을 알려 준답니다.

우리의 강박 관념과 우리의 겉치레 속으로
현실 도피의 그 터널을 꿰뚫어
사랑은 바로 그곳으로 가는 길을 알려 준답니다.

바로 그래요.

사랑은 사랑이 갇혀 있는 곳에서도 길을 알려 준답니다.

사랑은 불길이요 사랑은 칼날이기 때문에

사랑은 우리의 가슴을 서로에게로 열어 주며 함께 머문답니다.

8. 하나님은 어제나 오늘이나 영원토록 우리를 사랑하십니다. 우리 인생의 삶을 돌이켜보면 그분의 은혜와 사랑이 차고 넘치지 않았습니까? 에벤에셀의 하나님은 여호와 이레의 하나님이십니다. 우리가 어렸을 때부터 도와 주신 하나님은 우리가 늙고 연약할 때도 더욱 큰 사랑과 은혜로 우리를 돌보십니다. 다음의 성경 구절을 읽어 보세요.

"그런즉 이 일에 대하여 우리가 무슨 말하리요. 만일 하나님이 우리를 위하시면 누가 우리를 대적하리요. 자기 아들을 아끼지 아니하시고 우리 모든 사람을 위하여 내어 주신 이가 어찌 그 아들과 함께 모든 것을 우리에게 은사로 주지 아니하시겠느뇨 … 누가 우리를 그리스도의 사랑에서 끊으리요 환란이나 곤고나 핍박이나 기근이나 적신이나 위험이나 칼이랴 … 내가 확신하노니 사망이나 생명이나 천사들이나 권세자들이나 현재 일이, 장래 일도, 능력도, 넓음도, 깊음이나 다른 아무 피조물이라도 우리를 우리 주 그리스도 예수 안에 있는 하나님의 사랑에서 끊을 수 없으리라. (롬 8:31-32, 35, 38-39)

"나는 한결같은 사랑으로 너를 사랑하여 너에게 변함 없는 자비를 베풀었다." (렘 31:3)

야훼 - 내가 거기 있으니

내가 거기 있으니 - 네가 외로울 때

내가 거기 있으니 - 네가 소스라치게 놀랐을 때

내가 거기 있으니 - 그들이 너를 거부하고 너를 내쳤을 때

내가 거기 있으니 - 네가 아무런 진척도 보지 못할 때

내가 거기 있으니 - 네가 절망하고 슬픔에 빠졌을 때

내가 거기 있으니 - 네가 마음 조이며 두려워할 때

내가 거기 있으니 - 아무도 너를 좋아하지 않을 때

내가 거기 있으니 - 너와 네 친구사이에 벽이 있는 것처럼 보일 때

내가 거기 있으니 - 네가 괴로워하며 잠 못 이룰 때

내가 거기 있으니 - 누군가가 너를 해치려 할 때

내가 거기 있으니 - 네가 큰 위험에 빠졌을 때

내가 거기 있으니 - 네가 아프고 도움이 필요할 때

내가 거기 있으니 - 네가 네 슬픔을 혼자서 참기 힘들 때

내가 거기 있으니 - 너의 세계가 고립될 때

내가 거기 있으니 - 네가 사랑을 필요로 하고, 믿음을 돈독히 하
　　　　　　　　　　　고자 할 때

내가 거기 있으니 - 네가 엄청난 고통을 겪고 있을 때

내가 거기 있으니 - 네 말에 귀 기울여 주는 이가 더 이상 아무도
　　　　　　　　　　　없어도

내가 거기 있으니 - 네가 지쳐서 더 이상 바로 서 있을 수 없을 때

내가 거기 있으니 - 네가 나쁜 마음을 품고 있을 때

내가 거기 있으니 - 네가 나를 찾고자 할 때

내가 거기 있으니 - 네가 죽을 때

내가 거기 있으니 - 너에게 따뜻함과 즐거움을 주는 태양처럼

내가 거기 있으니 - 너를 안도하도록 해주는 아버지처럼

내가 거기 있으니 - 너와 공감하는 어머니처럼

내가 거기 있으니 - 항상 너와 함께 하는 연인처럼

내가 거기 있으니 - 항상 너를 보고 있는 그 눈망울처럼

내가 거기 있으니 - 너를 지탱하고 있는 팔처럼

내가 거기 있으니 - 사랑으로 너를 감싸는 구름처럼

내가 거기 있으니 - 바른 길을 가리키는 손가락처럼

내가 거기 있으니 - 너에게 영감을 주는 빛처럼

내가 거기 있으니 - 너에게 속삭이는 목소리처럼

내가 항상 너와 함께 할 것이니

(작자 미상)

9. 시편 121편 1-8절을 읽어 보세요. 어떤 구절이 마음에 깊이 와 닿습니까? 혹시 삶속에서 이 말씀을 통해 큰 능력이나 위로를 받았던 간증을 함께 나누어 보세요.

"여호와께서 너를 지켜 모든 환난을 면케 하시며 또 내 영혼을 지키시리로다. 여호와께서 너의 출입을 지금부터 영원까지 지키시리로다." (시 121:7-8)

10. 인생 회고하기

찰스 디킨스(Dickens, Charies John Huffam, 1812-1870)의 소설 『크리스마스 캐롤』에서 늙은 구두쇠 스쿠루지는 꿈 속에서 보여 주는 자신의 과거, 현재, 미래 뿐만 아니라 자신의 죽음까지 경험하고 나서 인색하고, 탐욕스럽고, 냉혹하던 성격이 변하게 된다.

스쿠루지는 임박한 죽음에 앞서 자신의 인생의 의미를 깨닫게 해 주는 회상 과정인 '인생의 회고'를 통하여 자신의 인생을 좀 더 의미있는 것이 될 수 있도록 만들었다.

자신의 인생을 되돌아보는 것은 노년기에 특히 중요하다.

인생의 회고(Life Review)를 통해 새로운 시각으로 자신의 경험과 행동을 볼 수 있을 것이다. 소원했던 가족이나 친구와의 화해 같은 미결의 과제를 해결할 기회를 갖게 될 것이고 이 같은 과제를 완수한 후의 완성감이 마음 편하게 남은 여생을 살아가도록 해 줄 수 있다.

인생 회고 방법에는 다음과 같은 것들이 있다.

❶ 자서전의 저술이나 녹음하기
❷ 순례 여행 – 자신이 태어나고 아동기, 청년기, 성년기를 보낸
   곳으로 여행을 떠날 수 있다. 생각을 정리하기 위하여 사진을
   찍고 기록을 할 수 있다.
❸ 재회 – 옛날 친구, 학교 동창, 가족 모임에서 친구들과 그들의
   인생에서 중요한 사람들을 만나 자신을 돌아볼 수 있는 기회
   를 갖는다.
❹ 족보 – 가계를 밝히는 일은 개인에게 역사의 연속성을 느끼게
   해주고 얼마나 많은 가족들이 이미 사망했는가를 앎으로써 죽
   음의 두려움을 완화시키는데 도움이 될 수 있다.
❺ 앨범, 오래된 편지, 그밖의 기억할 만한 중요 기사 – 보관하고
   있는 것들을 통해 인생의 특별한 의미들을 생각해 본다. 이를
   통해 노인들은 오랫동안 잊고 있었던 사건과 친지들 그리고
   정서적 경험을 회상할 수 있다.
❻ 일생의 사업 정리 – 세상에 기여했다고 여겨지는 일을 정리함
   으로써, 노인들은 세상에 뜻깊게 참여했다고 느낀다.

11. 나의 역할 분석하기

❶ 지금까지 내가 해왔던 역할을 순서에 상관없이 모두 기록해
   보세요. (지금 하고 있는 일까지)

❷ 위의 역할들을 중요한 순서에 따라 우선 순위를 매겨 보세요.

❸ 위의 역할 중 중요하지만 현재 당신이 충분히 그 역할을 다하지 못하고 있는 점은 무엇입니까?

❹ 당신이 꼭 해 보고 싶은 역할은 무엇입니까?

일들이 곤란해 보일 때 용기를 잃지 마십시오

하나님께서는 항상 폭풍우를 꾸짖으시고

잔잔케 하시지는 않습니다.

반면에 그분은 폭풍에 요동하는

우리의 마음을 항상 안심시켜 주십니다.

그분은 항상 고요하고 평안하라고도 말씀하시지 않습니다.

그러나 항상 자기를 의지하라고 말씀하십니다.

하나님께서 우리의 길의 끝을 보게 하시지는 않습니다.

그러나 믿음과 순종과 충성으로 다음 걸음을 내딛기에

충분한 빛을 주십니다.

그리고 안개가 걷히고 어두움이 사라지고

폭풍이 가라앉는 날에는

우리는 임마누엘의 땅의 햇빛 비치는 언덕 위에서

그리스도와 함께 있는 것을 발견하게 됩니다.

그때 우리는 하나님의 손이 우리를 다루신 그 방법이

영원한 집으로 이끄는 올바른 것이었다는 것을 알게 될 것이고

구속받은 성도들과 함께 이렇게 노래할 것입니다.

주께서 모든 것을 형통케 하셨나이다.

함께 기도하기

사랑하는 주님, 기도하고 싶은 열망이 깊어지게 하소서.
주님께 시간을 후하게 드리는 것이 제게는
여전히 두렵기만 합니다.
저는 아직도 시간에 욕심이 많습니다.
실속과 효과와 성공을 위한 시간, 행위와 실적과
생산을 위한 시간말입니다.
하지만 주님, 주님은 단순히 제가 주님 앞에 있는 것
제 벌거벗은 모습을 겸손히 인정하는 것, 방어하지 않고
제 죄를 자백하는 것외에 아무것도 바라시지 않습니다.
주님의 사랑의 빛을 제 마음에 비추시기 위함입니다.

주님, 인생이란 값진 선물을 주셔서 감사합니다.
주님은 제 삶 가운데 너무 많은 은총들을 베푸셨습니다.
제가 주님께 드릴 수 있는 말은
"감사합니다. 주님의 은혜로 살았습니다."입니다.
이제껏 저의 삶을 인도해 주신 것처럼
앞으로도 저의 삶을 책임져 주십시오.
주님, 감사합니다.
아멘.

네 번째 여정

행복하고,
창조적인 노인이 되게 하소서

"젊은이들은 비전을 보고 새로운 것에 도취되어 있다.

나이가 찬 사람들은 거짓을 구별할 수 있게 해주며,

구원을 향한 하나님의 계획의 큰 그림을 보게 해준다.

상실과 육체적 퇴화는 실제에 있어서 중요한 것이 아니다.

그리스도인에게 있어서 참으로 실제적인 것은 변화, 즉 노인에 의한

새로운 사역이 싹트게 하는 하나님의 선하심에 대한 날마다의 새로운 감

촉이다.

어느 누구도 사역을 위한 카리스마적 은사의 움틈을

경험하는 데는 나이가 문제되지 않는다.

어떤 삶도 자신을 노출시키게 하는 성령의 역사의 장이 되는데

지장 받을 수 없다."

- 쿼닉 (Koenig) -

"행복은 바로 우리 자신에게 달려 있다."

- 아리스토 텔레스 -

빌립보서 4장 8-9절

8 마지막으로, 형제자매 여러분, 무엇이든지 참된 것과, 무엇이든지 경건한 것과, 무엇이든지 옳은 것과, 무엇이든지 순결한 것과, 무엇이든지 사랑스러운 것과, 무엇이든지 명예로운 것과, 또 덕이 되고 칭찬할 만한 것이 있으면 이 모든 것을 생각하십시오.

9 그리고 여러분은 나에게서 배운것과 받은것과 듣고 본 것을 실천하십시오. 그리하면 평화의 하나님께서 여러분과 함께 하실 것입니다.

시편 92편 12-15절

12 의인은 종려나무처럼 우거지고, 레바논의 백향목처럼 높이 치솟을 것이다.

13 주의 집에 뿌리를 내렸으니, 우리 하나님의 뜰 에서 크게 번성할 것이다.

14 늙어서도 여전히 열매를 맺으며, 진액이 넘치고, 항상 푸르를 것이다.

15 그리하여 주님의 올곧으심을 나타낼 것이다. 주님은 나의 반석이시요, 그에게는 불의가 없으시다.

6 유다 자손이 길갈에 있는 여호수

여호수아 14장 6-14절

아에게 다가왔을 때에, 그니스 사람 여분네의 아들 갈렙이 여호수아에게 말하였다. "당신은, 주님께서 나와 당신에 대하여 가데스바네아에서 하나님의 사람 모세에게 하신 말씀을 알고 계십니다.

7 내가 마흔 살이 되었을 때에, 주님의 종 모세가 가데스바네아에서 나를 보내어, 그 땅을 정탐하게 하였습니다. 나는 돌아와서, 내가 확신하는 바를 그에게 보고하였습니다.

8 나와 함께 올라갔던 나의 형제들은 백성을 낙심시켰지만, 나는 주 나의 하나님을 충성스럽게 따랐습니다.

9 그래서 모세는 그 날 '네가 주 나의 하나님께 충성하였으므로, 너의 발로 밟은 땅이 영원히 너와 네 자손의 유산이 될 것이다' 하고 맹세하였습니다.

10 이제 보십시오, 주님께서 모세에게 이 일을 말씀하신 때로부터 이스라엘 백성이 광야에서 생활하며 마흔다섯 해를 지내는 동안, 주님께서는 약속하신 대로 나를 살아남게 하셨습니다. 보십시오, 이제 나는 여든다섯 살이 되었습니다.

11 모세가 나를 정탐꾼으로 보낼 때

와 같이, 나는 오늘도 여전히 건
강하며, 그 때와 마찬가지로 지금
도 힘이 넘쳐서, 전쟁하러 나가는
데나 출입하는 데에, 아무런 불편
이 없습니다.

12 이제 주께서 그 날 약속하신 이
산간지방을 나에게 주십시오. 그
때에 당신이 들은 대로, 과연 거
기에는 아낙 사람이 있고, 그 성
읍은 크고 견고합니다. 그러나 주
님께서 나와 함께 하시기만 한다
면, 주님께서 말씀하신 대로, 나는
그들을 쫓아낼 수 있습니다."

13 여호수아가 여분네의 아들 갈렙을
축복하고, 헤브론을 유산으로 그
에게 주었다.

14 그래서 헤브론은 그니스 사람 여
분네의 아들 갈렙의 유산이 되어
오늘날까지 이른다. 그것은 그가
주 이스라엘의 하나님을 충성스럽
게 따랐기 때문이다.

성령으로 승리하는 하루를

죄의 모든 짐을 벗어 버리고

그리스도의 속죄하심 가운데 자유하듯이

당신의 인생과 일의 모든 짐을 우선 내려 놓고

현재 당신에게 임재 하시는 성령을 의지하십시오.

성령의 인도함을 받을 수 있도록

아침마다 자신을 내려놓으십시오.

그리고 찬양으로 나아가면서 평안함 가운데 거하십시오.

성령께서 당신 자신과 당신의 하루를

직접 주장하실 수 있도록 그에게 모든 것을 맡기십시오.

하루 종일 즐겁게 의탁할 수 있는 습관과 성령께

순종하는 습관을 기르십시오.

그리고 그분이 인도하시고 조명해주시고 훈계하시고

당신 안에서 당신과 함께 그분이 뜻하신 바를

이루어 나갈 것을 기대하십시오.

보는 것과 느낌에 좌우되지 말고

그분이 실제로 역사하고 계심을 믿으십시오.우리가 우리 자신의

삶을 스스로 주장하려고 마십시다.

성령님이 우리의 삶을 주관하고 계신다는 것을

단순히 믿고 순종하기만 합시다.

그러면 성령께서 뜻하시는 가운데 하나님의 영광을 위하여

사랑과 희락과 화평과 오래 참음과 자비와 양선과

충성과 온유와 절제같은

성령의 열매들이 우리 안에 풍성히 나타날 것입니다.

– 로버트 키처 –

1. 다음은 스탠리 존즈 선교사가 노년에 계속해서 성장할 수 있는 비결을
   소개한 것입니다. 행복하고 창조적인 삶을 위해서 내가 노력해야 할 일
   은 무엇입니까?

❶ 완전히 은퇴하지 말고 당신이 하던 일을 평소에 하고 싶어 했
   던 일로 바꾸어서 계속하라.
❷ 매일 새로운 것을 익히라.
❸ 날마다 타인에게 은혜를 베푸는 자가 되도록 하라.
❹ 긍정적인 사람이 되라.
❺ 매일 당신 주변에서 감사할 조건들을 찾도록 하라. 그러면 감
   사가 완전한 습관으로 자리잡을 것이다.
❻ 신체적인 활동력이 쇠퇴했으므로 영적인 활동에 집중하라. 노
   년은 기도를 많이 할 수 있는 좋은 기회이다.
❼ 예수님이 말씀하신 보물을 하늘에 쌓아 두는 일을 계속하라.
   보물을 하늘에 쌓아 두는 일은 우리의 무의식 속에 모든 생각
   과 행동과 태도를 쌓아 두는 일종의 저장소와 같은 역할을 한
   다. 이 저장소는 우리가 노년에 뿌리를 박고 우리 자신을 꽃피
   울 수 있는 깊은 심토와도 같다.

– 스탠리 존즈의 『영적 성장』에서 –

 풍성하고 아름다운 노년을 위하여

값진 노화

나이가 든다는 것은 생명이 지닌 자연 질서의 한 부분이다.
이것은 경험의 축적, 배움, 도전, 기회, 그리고 가족과 친구들
그 밖의 많은 사람들을 통해 삶이 풍요해지는
성숙의 과정이라고 할 수 있다.
이 과정은 육체적, 심리적, 그리고 정신적인 자아가 성장을 따라
때로는 변하고 때로는 적응하며, 마침내 삶이 끝나는 한편
영원한 삶의 시작으로 생을 맺게 하는 것이다.
흔히 나이 드는 것을 죽음을 향한 과정으로 보지만,
이것을 영원을 향한 출발로 보는 것이 오히려
더 긍정적이고 신앙적이다.
나이가 든다는 것은 평생을 통해 계속되는 것으로 이 과정은
하나님이 주신 귀한 시간의 선물이다.
우리 모두는 이 주어진 귀한 시간 속에서
하나님의 나라를 향해 가는 성숙의 기회로 삼게 된다.
인생의 마지막 단계는 나를 창조하시고, 이끄시고,
사랑하시는 하나님과의 깊은 관계를
회복시키는 자유의 시간을 갖게 한다.
그러므로 인생을 깊이 성찰하는 인생 여정을
긍정적으로 받아들이며,
나이가 들게 하시는 하나님의 선물을 감사해야 한다.

다음은 노년기에 이루어진 작품들입니다. 인류의 대작들은 거의 인생의 노년기에 이루어졌습니다. 나는 무엇을 할 수 있습니까? 내가 남기고 싶은 작품은 무엇입니까?

❶ 미켈란젤로 - 90세에 시스틴 성당의 천정화를 그림
❷ 파데라프스키 - 79세에 피아노를 연주함
❸ 요한 웨슬리 - 80세에도 매일 설교를 함
❹ 괴테 - 81세에 『파우스트』를 씀
❺ 티티안 - 80세에 최후의 만찬을 그림
❻ 테니슨 - 83세에 『창살을 넘어』 씀
❼ 타킹톤 - 60세 이후에 16편의 소설을 씀
❽ 벤자민 프랭클린 - 78세에 미국을 대표해서 프랑스에 감
❾ 피카소 - 91세에 그림을 그림
❿ 베르디 - 80세에 파우스트를 작곡함
⓫ 톨스토이 - 88세에 『예술이 무엇이냐』를 씀
⓬ 처어칠 - 81세에 영국 수상이 됨

2. 내가 건강하고 복된 노년을 보내기 위해 하고 싶은 일을 적어 보세요.

3. 노년기는 많은 경험과 지식이 축적된 세대이며 지혜가 풍부합니다. 이
   런 값진 자신을 어떻게 효과적으로 살릴 수 있습니까?

4. 소망이 없는 사람은 썩은 나무 등걸과도 같으나 소망을 가진 사람은 늙
   어도 결실하는 포도나무와 같습니다. 노년기에 가져야 할 소망은 무엇
   일까요? 생각해 보세요.

5. 흔히 인생을 계절에 비유합니다. 그렇다면 나는 지금 어느 계절에 해당
   한다고 생각하십니까?

6. 지금까지 내 인생 가운데 맺은 열매가 무엇이라고 여겨집니까? 앞으로
   꼭 맺어야 할 열매는 무엇입니까?

7. 노인은 후손을 위해 축복해 주는 사명이 있습니다. 내가 축복해 주어야
할 사람들이 누구인지 말해 보세요.

8. 지금까지 내가 받은 복은 무엇이며 얼마나 받았는가 서로 이야기를 나
누어 보세요.

9. 노년은 한숨과 절망의 나날이 아니고 소망스런 미래가 있어 꿈을 가지
고 살 때입니다. 노년기에 가져 볼 수 있는 꿈은 어떤 것들이 있습니
까?

"하나님이 가라사대 말세에 내가 내 영으로 모든 육체에게 부어 주리
니 너희 자녀들은 예언할 것이요, 너희의 젊은이들은 환상을 보고 너
희의 늙은이들은 꿈을 꾸리라." (행 2:17)

10. 늙음과 은퇴는 모든 것에서 손을 놓는 것이 아니고 또 다른 영적 과
제가 있습니다. 나의 과제는 무엇입니까?

"여호수아가 나이 많아 늙으매 여호와께서 그에게 이르시되 너는 나이
많아 늙었고 얻을 땅의 남은 것은 매우 많도다." (수 13:1)

11. 그리스도인의 삶은 이 땅에 정착하는 삶이 아니라 나그네의 삶입니
다. 노년은 순례자적 여정에 놓여 있는 것입니다. 순례자의 삶은 단
순하고 소박하며 목적지를 늘 바라보아야 합니다. 순례자로서 이 세
상을 살아갈 때 유의할 점은 무엇이라고 생각하십니까?

"이 사람들은 다 믿음을 따라 죽었으며 약속을 받지 못하였으되 그것
들을 멀리서 보고 환영하며 또 땅에서는 외국인과 나그네로라 증거하
였으니 이같이 말하는 자들은 본향 찾는 것을 나타냄이라." (히 11:13-
14)

12. 다음의 성경 구절을 큰소리로 낭독해 보세요. 말씀으로 새 힘과 용
기를 얻으시길 바랍니다.

"주 여호와여 주는 나의 소망이시요, 나의 어릴 때부터 의지시

라. 내가 모태에서부터 주의 붙드신 바 되었으며 내 어미 배에서
주의 취하여 내신 바 되었사오니 나는 항상 주를 찬송하리이다. 나
는 무리에게 이상함이 되었사오나 주는 나의 견고한 피난처시오니
주를 찬송함과 주를 존숭함이 종일토록 내 입에 가득하리이다. 나
를 늙은 때에 버리지 마시며 내 힘이 쇠약한 때에 떠나지 마소서."
(시 71:5-9)

13. 다음은 로버트 앳슬리가 은퇴의 6단계를 소개하고 있는 글입니다.

❶ 은퇴 준비 단계 : 은퇴한 뒤의 삶이 어떠할 지 상상해 보면서
  은퇴를 준비하는 은퇴 전 준비 단계
❷ 밀월 단계 : 마치 새 장난감을 방에 가득 늘어놓고 노는 어린이
  처럼, 그 동안 해 보고 싶었지만 시간이 없어서 하지 못했던 일
  을 하면서 한참 재미와 자유를 만끽하는 은퇴 직후 밀월 단계
❸ 권태 단계 : 은퇴란 긴 휴가가 아님을 인식하면서 곧 싫증과
  공허감이 엄습해 와서 우울증에 빠지기 쉬운 권태 단계
❹ 삶의 방향 재조정 단계 : 더욱 만족감을 주는 창의적인 일을
  찾아 새로운 방향으로 자기의 삶을 재조정하는 단계
❺ 안정 단계 : 자기의 한계를 깨닫고 새로운 관심사를 찾아 만족
  하고 평안하게 매일의 삶을 즐기는 안정 단계
❻ 은퇴 종식 단계 : 홀로 독립하여 살아가던 시기가 지나고 다른
  사람에 의존하여 도움을 받으며 살 수밖에 없는 단계

14. 은퇴 과정을 거치기 위하여 할 일

❶ 일에서 손을 떼고 삶의 방향 다시 설정하기 – 은퇴 시기의 주
  요 과제는 일에서 손을 떼고 삶의 새로운 방향을 모색하는 일
  이 중요하다.

❷ 분주한 일을 떠나 영적인 일에 몰두하기 – 인생을 돌이켜 보면서 조용히 명상하고 기도의 삶을 살아가기. 내면의 세계를 돌아보기

❸ 일의 중심 무대를 떠나 무대 측면으로 이동하기 – 자신의 지위와 권한을 포기하고 복음을 발견하기

❹ 독립된 삶에서 상호의존적인 삶으로 옮겨가기 – 자신의 능력에 의지하지 않고 하나님의 인도와 보호하심, 돌보심과 은혜에 의지해서 살아가기

15. 당신은 은퇴에 대하여 어떻게 생각하고 계십니까?

❶ 노년기의 삶에 있어서 가장 바람직한 모습은 어떤 삶이라고 생각하십니까?

❷ 은퇴에 대한 생각이 나를 어떻게 변화시켰을까요?

- 의기소침하게 한다. (　　)
- 별 느낌이 없다. (　　)
- 즐거움을 주고 편안하게 한다. (　　)
- 걱정스러워진다. (　　)
- 기 타 (　　)

❸ 왜 그렇게 느끼셨습니까?

16. 은퇴에 관한 우리의 예상은 종종 "우리 삶의 변화를 어떻게 바라볼 것인가?" 하는 것으로 표현됩니다. 아래의 질문에 당신의 생각을 기록해 보세요.

❶ 은퇴 후에 예상되는 가장 큰 변화는? (혹시 이미 경험되고 있는 변화는?)

❷ 은퇴를 생각할 때 가장 크게 다가오는 문제는?

❸ 은퇴를 생각할 때 가장 적게 다가오는 문제는?

❹ 은퇴 기간 중에 자신의 주변 환경이나 자신의 삶에 있어서 필요한 것은 무엇인지를 (당신의 가족과 연관해서) 생각해 보시기를

바랍니다.

❺ 당신의 가족들 중 노인들에게 주안점이 있다면 그들이 가장 필요
로 하는 것이 무엇이라 생각합니까?

17. "나는 누구인가?" 당신의 기술, 재능, 천직, 적성, 책임, 인간관계, 가족관계, 교육, 삶의 목표, 취미 등과 관련해서 이 질문을 10회쯤 진지하게 묻고 대답하여 보세요.

18. "나는 어떤 사람이 되고 싶은가?" 은퇴 후 2년이 지나 사람들 앞에서 자신을 소개하는 장면을 상상해 보세요. 은퇴 후 당신의 주요 관심은 무엇이고 당신은 그 동안 무엇을 했는지 다른 사람들로부터 질문을 받는다면 어떻게 대답하시겠습니까?

19. 은퇴에 대해서 당신은 얼마나 준비하고 있습니까? 은퇴는 여러 가지 면을 가지고 있습니다. 아래에 있는 각각의 질문에 대하여 당신이 적합하다고(혹은 적용된다고) 생각되는 곳에 ○표 하세요. "예" 항목에 ○표가 많을수록 당신은 은퇴에 대한 준비가 잘 되었다고 할 수 있습니다.

❶ 당신은 친구나 배우자와 함께 은퇴에 대해 자유롭게 의논하고 있습니까? (예, 아니오)

❷ 당신은 은퇴 후에 당신에게 도움이 되는 사회나 국가의 연금

제도 등에 대하여 충분히 이해하고 있습니까? (예, 아니오)

❸ 당신은 교회 외에 도움 받을 가족, 친구나 아는 사람들이 있습
니까? (예, 아니오)

❹ 은퇴 후에 당신이 지금 하고 있는 일과 다른 가치 있는 일들에
대하여 진지하게 생각해 보셨습니까? (예, 아니오)

❺ 당신은 당신의 문제에 대하여 상담해 줄 목사님 또는 상담자
가 있습니까? (예, 아니오)

❻ 당신은 생전에 유언장을 준비하실 계획입니까?
(예, 아니오)

❼ 당신은 당신에게 허물없이 조언해 줄 동역자나 목사님 또는
다른 전문적인 상담자가 있습니까? (예, 아니오)

❽ 당신은 당신에게 도움말을 줄 수 있는 전문적인 재정 전문가
가 있습니까? (예, 아니오)

❾ 당신은 나름대로 운용할 수 있는 자산을 소유하고 있습니까?
(예, 아니오)

❿ 당신은 저축, 연금, 퇴직금, 보험 등의 재산 총액을 계산해 보
셨습니까? (예, 아니오)

⓫ 당신은 은퇴 후에 소득에 대하여 짐작할 수 있습니까?
(예, 아니오)

⓬ 당신은 퇴직금에 관련된 세제감면 혜택을 알고 있습니까?
(예, 아니오)

⓭ 당신이 현재 행복한 결혼생활을 하고 있다면 배우자가 없이
혼자서 살아가는 생활에 대하여 생각해 보셨습니까?
(예, 아니오)

⓮ 당신은 은퇴 후의 활동(혼자 또는 함께)을 계획하고 있습니
까? (예, 아니오)

⓯ 당신은 의미 있는 사회 봉사, 교육, 취미 활동을 계획하고 있
습니까? (예, 아니오)

⑯ 당신은 정기적인 건강 진단을 받고 의사의 지시에 따라 생활
하고 있습니까?　　(예,　아니오)

⑰ 당신은 규칙적인 운동을 하십니까? 당신이 현재 하고 있는 운
동이 당신의 신체적인 조건이나 나이, 성격에 적합한 것입니
까? (예,　아니오)

⑱ 당신은 날마다 충분한 영양 음식을 고르게 섭취하고 계십니
까? (예,　아니오)

⑲ 당신은 다이어트 등의 방법을 쓰지 않고 당신의 키와 성에 맞
는 적당한 체중을 유지하고 계십니까? (예,　아니오)

⑳ 당신이 은퇴한 뒤 어디에서 거주할 것인지를 생각해 보셨습니
까? (예,　아니오)

㉑ 당신이 거주할 집은 편안하고 안전하여 노년생활에 적합한 곳
입니까? (예,　아니오)

20. 아래 각 문항을 읽고 사실이다(○) 또는 거짓이다(×)를 당신이 생각하는 대로 표하세요.

❶ 은퇴한 사람은 쓸모가 없다. (　　)

❷ 은퇴기의 여생은 짧다. (　　)

❸ 은퇴로 인해 일을 그만두면 나의 건강은 나빠질 것이다. (　　)

❹ 은퇴하면 지적 기능이나 학습 능력이 감소할 것이다. (　　)

❺ 대부분의 노인들은 양로원에서 살아야 한다. (　　)

❻ 노인은 젊은이보다 덜 생산적이다. (　　)

❼ 대부분의 노인은 외롭고 가족들로부터 고립되고 있다. (　　)

❽ 노인들은 젊은이에 비해 범죄에 희생되기 쉽다. (　　)

❾ 대부분의 노인들은 가난하게 살아가고 있다. (　　)

❿ 대부분의 노인들은 이성에 대한 관심이 적다. (　　)

21. 새로운 계획

은퇴 후의 시간 활용

(1) 자기 평가서 1

아래의 질문 사항 중 왼쪽에는 당신의 직업과 관련해서 당신이 하고 있는 사회 활동을 기록하여 보세요. 그리고 오른쪽 면은 누구와 함께(가깝거나 먼 친구, 배우자, 친척 등) 그러한 사회 활동을 하는지 기록하여 보세요.

활 동 내 용	누 구 와 함 께
1. 취미생활을 위한 활동	
· · ·	
2. 창조적인 표현을 위한 활동	
· · ·	
3. 체력 단련을 위한 활동	
· · ·	
4. 개인적으로 영적으로 만족을 주는 활동	
· · ·	
5. 봉사 활동	
· · ·	

(2) 자기 평가서 2

아래의 질문 사항 중 왼쪽에는 당신의 직업과 관련 없이 당신이 하고 있는 사회 활동을 기록하여 보세요. 그리고 오른쪽 면은 누구와 함께(가깝거나 먼 친구, 배우자, 친척 등) 그러한 사회 활동을 하는지 기록하여 보세요.

활 동 내 용	누 구 와 함 께
1. 취미생활을 위한 활동	
· · · ·	
2. 창조적인 표현을 위한 활동	
· · · ·	
3. 체력 단련을 위한 활동	
· · · ·	
4. 개인적으로 영적으로 만족을 주는 활동	
· · · ·	
5. 봉사 활동	
· · · ·	

(3) 자기 평가서 3

자기 평가서 1과 2를 끝낸 다음에 그 결과를 가지고 당신의 배우자나 친구들과 함께 아래와 같은 방법으로 이야기해 보세요.

❶ 배우자나 친구와 함께 약 3–5분간 당신이 바라는 은퇴 전이나 후에 바뀌어야 할 사회 활동에 대하여 어떻게 느끼는지도 함께 이야기를 나누어 보세요.

❷ 현재 배우자나 친구와 함께 당신이 발견한 생활의 변화가 은퇴 후에 "내가 누구인가?"라는 질문에 어떻게 영향을 끼치는 것인지 이야기를 나누어 보세요.

❸ 한 배우자가 다른 배우자보다 먼저 은퇴할 경우 일어나는 상황에 대하여 말하면서 은퇴 후에 어떤 영향을 끼치게 되는지를 서로 이야기해 보세요.

(4) 자기 평가서 4

당신은 은퇴 후에 무엇을 하실 것입니까? (아래는 일주일 동안의 시간 배당)

	현 재	은 퇴 후
활 동 사 항		
수면과 식사		
신앙 활동		
가족 활동		
취미, 오락, 사회 활동		
T · V 시청, 라디오 청취		
지역 사회 봉사		
집안 정리, 쇼핑		
여행		
전화하기		
기타		
총 168시간		

(5) 자기 평가서 5 (새로운 생활 계획)

당신이 6개월 동안 이미 은퇴를 하고 살아간다고 가정해 보세요. 이제 새로운 생활 방식에 따른 생활 계획표를 준비하는 일이 필요하리라 생각합니다. 이번 한 달 동안 주간 계획표를 작성하여 보세요.

시간 / 요일	일	월	화	수	목	금	토
5 : 00							
6 : 00							
7 : 00							
8 : 00							
9 : 00							
10 : 00							
11 : 00							
12 : 00							
13 : 00							
14 : 00							
15 : 00							
16 : 00							
17 : 00							
18 : 00							
19 : 00							
20 : 00							
21 : 00							
22 : 00							
23 : 00							
24 : 00							

(6) 자기 평가서 6

자원 봉사 영역

예) 만일 당신이 → 당신은 이런 일들을 생각할 수 있습니다.

- 책을 좋아한다면 → 도서관에서 자원 봉사를 할 수 있습니다.
- 법률적인 교육을 받았다면 → 소비자 보호 단체에서 봉사할 수 있습니다.
- 의료 부문에 관심이 있다면 → 재활원에서 봉사할 수 있습니다.
- 목회적인 자질이 풍부하다면 → 교회와 후원자를 잇는 곳에서 봉사할 수 있습니다.
- 연세드신 분을 존경한다면 → 양로원에서 봉사할 수 있습니다.
- 사진찍기를 좋아한다면 → 자연 보존 협회에서 봉사할 수 있습니다.
- 어린이들을 좋아한다면 → 글을 모르는 어린이들을 위하여 봉사할 수 있습니다.
- 타이핑을 잘 한다면 → 사회 사업 단체에서 봉사할 수 있습니다.
- 잔치 같은 분위기를 좋아한다면 → 유아원이나 양로원의 생일 잔치를 위한 봉사를 할 수 있습니다.
- 운전을 잘 한다면 → 장애자를 위한 봉사를 할 수 있습니다.
- 바느질을 잘 한다면 → 병원에 입원한 환자들을 위한 봉사를 할 수 있습니다.
- 수화를 안다면 → 청각 장애인을 위한 봉사를 할 수 있습니다.
- 이야기를 좋아한다면 → 병원에서 환자의 어린이를 돌보는 일

에 봉사할 수 있습니다.
- 좋은 목소리를 가졌다면 → 입원한 환자에게 책을 읽어줄 수 있습니다.
- 도구를 잘 다룬다면 → 어린이들의 놀이기구를 수리하는 봉사를 할 수 있습니다.
- 글쓰기를 좋아한다면 → 병중이나 장애자를 위하여 편지를 쓰는 봉사를 할 수 있습니다.
- 이야기를 잘 한다면 → 유아원에서 봉사를 할 수 있습니다.
- 연구를 좋아한다면 → 역사학회에서 봉사할 수 있습니다.
- 사람들 만나기를 즐겨한다면 → 정치적인 모임에 접견 요원으로 봉사할 수 있습니다.

22. 노년기를 행복하게 살아가는 8가지 단계

당신은 나이와 상관없이 아래의 방법으로 당신의 삶을 보다 행복하게 만들어 보세요.

❶ 실체를 접하십시오.
당신이 절대로 변화할 수 없다고 생각하는 것들을 변화시키도록 노력하고 그 차이점을 당신의 지혜와 경험에 비추어 깨달으십시오.

❷ 친근한 관계를 만드십시오.
현재의 가족과 친구와의 관계를 발전시키십시오. 또한 나이가 나보다 젊은 새로운 친구를 사귀도록 노력하십시오.

❸ 관심 밖의 일들을 발전시키십시오.

취미생활과 관심 있는 분야들을 찾아서 새로운 경험을 얻기 위해 새로운 곳을 향한 여행을 즐기십시오.

❹ 새로운 모험을 찾으십시오.
새롭게 시작하는 일을 찾아서 참여하십시오. 새로운 경험을 얻기 위해 새로운 곳을 향해 여행을 즐기십시오.

❺ 당신의 건강을 지키십시오.
정기적인 건강 진단을 받으십시오. 평소에 아픈 것을 참고 지내지 마십시오. 정기적으로 운동을 하며 영양가 있는 음식을 드십시오.

❻ 자신에 대하여 자부심을 가지십시오.
남에게 모든 일에 최선을 다하는 모습을 보이십시오. 복장도 단정하고 걸음도 활기차게 걷도록 노력하십시오.

❼ 휴식하는 법을 배우십시오.
웃고 인생을 즐기십시오.

❽ 미래를 바라보십시오.
당신의 내일을 계획했던 일들이 실행되도록 노력하십시오. 당신만이 당신의 인생을 가치 있게 만들 수 있습니다. 자신을 갖고 미래를 맞이하십시오.

나는 영원히 살 것입니다

언젠가는 나의 주치의가 나의 뇌기능이 정지했다고
단정할 때가 올 것입니다.
살아있을 때의 나의 목적과 의욕이 정지되었다고
선언할 것입니다.
그때 나의 침상을 죽은 자의 것으로 만들지 말고
산 자의 것으로 만들어 주십시오.
나의 눈은 해질 때 노을을, 천진난만한 어린이들의 얼굴과
여인의 눈동자 안에 감추어진 사랑을
한 번도 본 일이 없는 사람에게 주십시오.
나의 심장은 끝없는 고통으로 신음하는 사람에게 주십시오.
나의 피는 자동차 사고로 죽음을 기다리는 청년에게 주어
그가 먼 훗날 손자의 재롱을 볼 수 있게 하여 주십시오.
나의 신장은 한 주일 혈액 정화기에 매달려
삶을 영위하는 형제에게 주시고
나의 뼈와 근육의 섬유와 신경은 다리를 절고 다니는
아이에게 주어 걷게 하십시오.

나의 뇌세포를 도려내어 말 못하던 소년이 함성을 지르게 하고,
듣지 못하는 소녀가 그녀의 창문에 부딪히는
빗방울 소리를 듣게 하여 주십시오.
그 외에 나머지들은 다 태워서 재로 만들어
들꽃들이 무성히 자라도록 바람에 뿌려 주십시오.
당신이 뭔가를 매장해야 한다면 나의 실수들을 나의 약함을,
나의 형제들에 대한 편견들을 매장해 주십시오.
나의 죄악들은 악마에게, 나의 영혼은 하나님께
돌려 보내 주십시오.
우연한 기회에 나를 기억하고 싶다면
당신들이 필요로 할 때 나의 친절한 행동과 말만을
기억해 주십시오.
내가 부탁한 이 모든 것들을 지켜 준다면
나는 영원히 살 것입니다.

\- 로버트 네스트 -

함께 기도하기

인생의 아침, 점심, 저녁의 하나님 아버지,
우리 안에 훌륭한 일을 시작하신 하나님께서
그 일을 계속하실 것이며
마침내 그리스도께서 오시는 날 완성하실 것을 믿으면서 자신감을
갖고 새로운 도전과 기쁨을 찾을 수 있게 도와 주소서.
주님의 희망을 갖고 날마다 새롭게 살 수 있도록 힘을 주소서.
진실로 주의 선하심이 우리를 떠난 적이 없고 주님의 자비안에서
우리는 언제나 평안하옵나이다.
늘 주님안에서 행복하고 창조적인 노년이 되도록 도우소서.
아멘.

다섯 번째 여정

천국이 보입니다

"불멸을 믿기 위해서는 여기 이 땅에서부터
미리 불멸의 삶을 살아야만 한다.
이 말은 사람이 자기 자신에 사로잡히지 않고 하나님 안에서 살며,
자기 자신을 위해 살지 않고 하나님을 위해 살아야 한다는 뜻이다."

– 톨스토이 –

"우리가 우리 삶의 최종적인 깊이에 다다르게 되는 순간은 바로
우리가 영원한 기쁨, 무너지지 않을 희망, 삶과 죽음의
토대가 되는 진리를 경험할 수 있는 순간이다.
그 깊은 곳에 진리가 있고, 그 깊은 곳에 희망이 있고
그 깊은 곳에 기쁨이 있기 때문이다."

– 폴 틸리히 –

"많거나 적은 것을 이루는 따위는 중요하지 않다.
중요한 것은 하나님을 향한 마음이다."

– 탈무드 –

요한복음 11장 25-26절

25 예수께서 마르다에게 말씀하셨다.
"나는 부활이요 생명이니, 나를
믿는 사람은 죽어도 살고,
26 살아서 나를 믿는 사람은 영원히
죽지 않을 것이다. 네가 이것을
믿느냐?"

히브리서 11장 13-16절

13 이 사람들은 모두 믿음으로 살다
가 죽었습니다. 그들은 약속하신
것을 받지는 못했지만, 그것을 멀
리서 바라보고 반겼으며, 땅에서
는 길손과 나그네 신세임을 고백
하였습니다.
14 이런 말을 하는 사람들은 자기네
가 고향을 찾고 있다는 것을 나타
내는 것입니다.
15 그들이 만일 떠나온 곳을 생각하
고 있었더라면, 돌아갈 기회가 있
었을 것입니다.
16 그러나 사실은 그들은 더 좋은 곳
을 동경하고 있었던 것입니다. 그
것은 곧 하늘의 고향입니다. 그래
서 하나님께서는 그들의 하나님이
라고 불리는 것을 부끄러워하지
않으시고, 그들을 위하여 한 도시
를 마련해 두셨습니다.

빌립보서 1장 9-11절

9 내가 기도하는 것은 여러분의 사
랑이 지식과 모든 통찰력으로 더
욱더 풍성하게 되어서,
10 여러분이 가장 좋은 것이 무엇인
가를 분별할 줄 알게 되는 것입니
다. 그리하여 여러분이 그리스도
의 날까지 순결하고 흠이 없이 지
내며,
11 예수 그리스도께서 주시는 의의
열매로 가득차서, 하나님께 영광
과 찬양을 드리게 되기를, 나는
기도합니다.

빌립보서 1장 21-23절

21 나에게는, 사는 것이 그리스도이
시니, 죽는 것도 유익합니다.
22 그러나 육신을 입고 살아가는 것
이 나에게 보람된 일이면, 내가
어느 쪽을 택해야 할지 모르겠습
니다.
23 나는 이 둘 사이에 끼어 있습니
다. 내가 원하는 것은, 세상을 떠
나서 그리스도와 함께 있는 것입
니다. 그것이 훨씬 더 나으나,

디모데후서 4장 6-8절

6 나는 이미 부어드리는 제물로 피
  를 흘릴 때가 되었고, 세상을 떠
  날 때가 되었습니다.
7 나는 선한 싸움을 다 싸우고, 달
  려갈 길을 마치고, 믿음을 지켰습
  니다.
8 이제는, 나를 위하여 의의 월계관
  이 마련되어 있으므로, 의로운 재
  판장이신 주님께서 그 날에 그것
  을 나에게 주실 것이며, 나에게만
  이 아니라 주님께서 나타나시기를
  사모하는 모든 사람에게도 주실
  것입니다.

1. 다음 글은 영성가인 헨리 나우웬의 기록입니다. 이 글을 읽고 어떤 느낌이 드십니까?

내 집인 에수님께 오다

내 속 깊은 곳 어딘가에서 이제 내 생명은 심각한 위험에 처해 있다는 느낌이 자꾸만 들었다.

나는 여태껏 한 번도 가 본 적이 없는 곳으로 천천히 들어 가고 있었다.

바로 죽음의 문턱이라는 곳이었다.

나는 그곳이 어떤 곳인지 알고 싶었고 그곳을 거닐어 보고 싶었고 삶 너머 다른 삶을 위해 나 자신에게 필요한 준비를 하고 싶었다.

나는 두려워 보이는 그곳으로 의식적으로 들어 갔는데, 죽음 저편의 존재 양식에 대해 그토록 간절히 알고 싶었던 것은 난생 처음이었다.

나는 내게 친숙한 세계를 … 놓아 보내려 했다.

뒤돌아 보지 않고 앞만 보려 했다.

내 앞에 있는 그 문, 곧 내 앞에 열려 이제까지 보았던 세계 너머의 다른 세계를 내게 보여줄지도 모를 그 문만 뚫어져라 바라보았다.

나는 그분이 내 곁에 계시면서도 동시에 전 우주를 품고 계시다는 사실을 아주 구체적으로 깨달았다.

내가 기도했고 사람들에게 얘기했던 예수님이 바로 그분이셨으나, 이제 그분은 더 이상 어떤 기도나 말도 원하시지 않는다는 사실도 깨달았다.

모든 것이 온전했다. 그 경험을 압축해 두 개의 단어로 표현한다면 바로 생명과 사랑이다.

그러나 그 단어들은 진정한 임재속에 육체가 되어 와 있었다.

그토록 친밀하게 나를 둘러싸고 있는 그 생명과 사랑 속에서 죽음은 힘을 잃어 자취를 감추고 말았다.

마치 거센 파도가 어디론가 사라져 버린 바다 한가운데를 지나고 있는 듯한 기분이었다.

건너편 해안에 이를 때까지 나는 안전하게 보호받고 있었다.

모든 질투와 원한과 분노가 눈 녹듯 사라졌고, 사랑과 생명이 내가 이제껏 염려해 온 그 어떤 힘 보다도 크고 깊고 강하다는 사실을 목도했다.

그 중 유난히 강하게 와 닿는 느낌이 있었다.

집에 돌아온 느낌이었다.

예수님이 내게 자신의 집 문을 열어 주시며 이렇게 말씀하시는 것 같았다.

"여기가 네 집이란다." 제자들에게 주고 가셨던 "내 아버지 집에 거할 곳이 많도다. 내가 너희를 위하여 처소를 예비하러 가노니"(요 14:2)라는 말씀이 눈앞에 현실로 나타났다.

부활하여 이제는 아버지와 함께 거하시는 예수님이 오랜 여정을 지나 온 나를 반가이 맞아 집안에 들여보내 주신 것이다.

이 경험은 내 가장 깊고 오래된 갈망의 실현이었다.

의식이 돌아오는 순간부터 나는 예수님과 함께 있고 싶은 갈망을 느꼈다.

이제 나는 가장 생생한 방법으로 그분의 임재를 느꼈다.

마치 내 온 생애가 한데 모아져 사랑 속에 푹 잠기는 것 같았다.

고향집에 돌아왔다는 그 느낌은 정말 돌아온 느낌, 하나님의 태안으로 돌아온 느낌이었다.

2. 우리의 순례의 삶의 목적은 하나님과 연합하여 하나가 되는 것입니다. 인생길에서 하나의 길이신 예수님을 따라 걸어간다면 우리는 우리의 본향(목적지)에 다다를 것입니다. 우리는 그때 이렇게 노래할 수 있겠지요.

> "하늘의 평화와 안식이 있는 그 항구에 닿는 크나큰 기쁨
> 슬픔에서 벗어나 복되신 이의 찬송을 부르는 기쁨,
> 자녀로서 거기 아름다운 집에서
> 그리스도와 함께 아버지의 사랑을 누리리.
> 하늘의 평화와 안식이 있는
> 그 항구에 닿는 크나큰 기쁨"

3. 마음을 열고 죽음에 대한 이야기를 나누어 보세요.

죽음에 대한 경험과 생각의 역사

❶ 아이 때 죽음에 대해 어떻게 느꼈습니까? 집에서 기르던 동물을 잃어 본 적이 있습니까? 그때 어떻게 생각했습니까?

❷ 당신의 가족 중에 누군가가 죽었을 때 당신은 어떻게 생각했습니까?

❸ 당신이 처음 본 장례식은 언제였습니까? 무엇을 생각했습니까? 어떻게 반응했습니까?

❹ 전쟁의 죽음에 대한 위협에 대해 당신은 어떻게 생각합니까?

❺ 당신은 너무 아파서 죽을 거라고 생각해 본 적이 있습니까?

❻ 자신의 죽음에 대한 생각이 해마다 바뀌었습니까? 지금은 자신의 죽음에 대해 어떻게 생각합니까?

❼ 죽음은 어떻게 슬픕니까?

❽ 당신의 삶에서 중요한 부모나, 조부모, 형제 혹은 중요한 다른 사람들 중 죽은 사람이 있습니까? 어떻게 죽었습니까?

❾ 당신은 어떤 이의 죽음에 대해 죄의식을 갖고 있습니까? 혹은 무력감, 분노, 아쉬움, 좌절을 느껴 보았습니까? 어떤 이의 죽음에 대해 책임을 느껴 본 적이 있습니까?

❿ 어떤 위인의 죽음이 당신에게 영향을 미친 적이 있습니까?

⓫ 당신의 친구 중 죽은 사람이 있습니까?

❷ 당신이 어떻게 죽기를 원합니까?

❸ 당신이 경험한 죽음 중 가장 중요했던 것은 무엇입니까? 그것
이 당신이나 당신의 삶을 어떻게 변화시켰습니까?

죽음에 대해 모두 꺼리고 두려워하지만 죽음은 엄연한 현실이며,
그리스도인들의 신앙에서는 영원의 출발이 되는 깊은 뜻이 담겨
있는 삶의 기점이기도 합니다.

죽음은 창조의 질서로서 모두가 대면해야 하는 현실입니다.

죽음은 자유스럽게 토의되어야 하며, 진실을 말해야 합니다.

죽음을 비참한 생의 종결로 보지 않고 영원을 향한 입문으로 본
다면 그리고 죽음이 창조의 질서이고 예수를 믿는 사람에게는 죽
어도 살겠고 살아서 믿는 자는 영원히 죽지 아니한다는 신앙을 심
어 준다면 그것은 노인들에게 최선의 봉사요, 격려요, 효도라고 할
수 있습니다.

죽음 앞에서 사람은 정직해집니다.

그리스도인의 신앙은 사람으로 하여금 힘차게 살아가며 영생의
희망을 가지고 죽음을 맞이할 수 있게 합니다.

퀼러 로스는 죽음에 대한 인식은 개인의 성장과 인간 잠재력의
발달에 대한 열쇠라고 하면서 죽음을 두려워할 필요가 없다고 다
음과 같이 말하고 있습니다.

"사람들의 삶이 공허하고, 무의미한 삶이 되는 것은 부분적으로
죽음에 대한 부정 때문이다.

만약 영원히 살 것처럼 살아간다면 당연히 해야 할 일들을 미루
기가 쉬워질 것이기 때문이다.

반면, 자리에서 일어나는 매일 아침이 마지막이 될 수도 있다는
것을 충분히 이해할 때 하루하루를 진실로 자기 자신이 되고 다른
사람에게로 가까이 다가가는 그런 시간으로 만들게 된다.

인간 존재에 대한 죽음의 의미를 이해할 때야 비로소 정해진 운
명에 따를 용기를 갖게 될 것이다."

4. 사람은 누구나 자기의 죽음이 아름답기를 희망합니다. 그런데 많은 사
람들이 아름다운 죽음보다는 불행하고 추한 죽음을 맞이합니다. 다음
글은 사람이 불행하게 죽는 방법을 소개하고 있습니다.

불행하게 죽는 12가지 방법

❶ 당신 자신에게서 분리됨
❷ 다른 사람에게서 분리됨
❸ 당신 존재의 토대로부터 분리됨
❹ 진정한 공동체를 한 번도 경험해 보지 못함
❺ 모든 것을 소유하려고 애씀
❻ 모든 것을 당신 자신을 위해 간직함
❼ 옳지 못한 드러머의 북소리에 맞추어 행진함
❽ 틀린 장단에 맞추어 춤을 춤
❾ 틀린 적과 싸움
❿ 무의미한 직업으로 당신의 삶을 허비함

❶ 당신의 삶을 연속된 사건들로 살아감
❷ 죽을 수밖에 없는 당신의 운명을 거부함

그렇다면 우리는 어떻게 해야 불행하지 않고 행복하게 죽을 수 있을까
요?

....

....

5. 사도 바울은 빌립보서 1장 21절에서 "이는 내게 사는 것이 그리스도
니 죽는 것도 유익함이니라."라고 고백하고 있습니다. 그리스도인들은
죽음을 두려워하는 것이 아니라 죽음의 유익함을 깨달을 필요가 있습
니다.

❶ 죽음의 순간에 영혼은 완전히 변한다.

• 히 12:22-23 ....

....

....

❷ 죽음의 순간에 우리는 이 땅의 고통에서 해방된다.

• 눅 71:1 ....

....

❸ 죽음의 순간에 영혼의 깊은 안식을 얻게 된다.

• 계 6:9-11

❹ 죽음의 순간에 우리는 마치 고향에 돌아온 듯한 깊은 안도감
을 경험한다.

• 고후 5:8

❺ 죽음의 순간에 우리는 그리스도와 함께 거하게 된다.

• 빌 1:21-23

6. 죽음 저편의 세계를 생각해 본 적이 있습니까?

7. 자손들에게 어떤 유업, 어떤 유산, 어떤 유언을 남길 것인지 생각해 본
적이 있습니까?

8. 자손대대로 물려 줄 제일 복된 유산, 유언을 남기려면 어떻게 해야 합니까?

9. 진지한 마음으로 유언장을 작성해 보세요.

10. 죽음을 준비하기 위해 해야 할 일

❶ 유언 남기기 - 비디오 및 녹음기에 유언을 담아 둔다.
❷ 영정 사진 찍기
❸ 가족들을 용서하기 - 용서되지 않은 상처와 쓴 뿌리를 제거하

고 화해하기

❹ 감사를 표현하기 – 고마운 사람에게 감사 편지를 쓰기

❺ 유산 정리하기

❻ 약사 정리하기 – 자신의 약사를 정리하기

❼ 헌신하기– 안구, 시신, 장기 기증

11. 시므온은 인생의 끝이 다가올 때 무엇이라고 고백했습니까? (누가복음 2장 29절)

....

....

....

12. 마지막 순간이 되면 사람은 음식이 필요한 것도 옷이 필요한 것도 아닙니다. 마지막 순간에는 무엇보다 깨끗한 마음이 필요합니다. 이를 위해서 내가 해야 할 일은 무엇입니까?

....

....

....

13. 다음은 어느 묘비에 적힌 비문입니다.

> "내가 베푼 것이 내가 가진 것,
>
> 내가 모은 것이 내가 남겨 두고 떠나는 것,
>
> 내가 주어 버린 것이 내가 가지고 가는 것"

마지막 나의 소유를 어떻게 써야 할 지 깊이 생각해 보시기 바랍니다.

14. "내 욕심을 버려 하나님을 찾았고,
내 물질을 포기하여 가치를 찾았고,
내 이기심을 버려 행복을 얻었고,
내 자기를 버려 이웃을 찾았고,
내 세상의 쾌락을 버려 영적인 힘을 얻었다."
죽음이 가까워 오면서 우리는 어떤 마음가짐으로 살아야 합니까?
(시편 62편 1-2절)

15. 주님은 우리가 생명을 얻고 더 풍성히 얻게 하시려고 오셨습니다.
주님은 우리에게 무엇을 약속하고 계십니까? (이사야 12장 3절)

16. 세상 사람들은 죽음의 신앙(death-faith)을 가지고 삽니다. 그러나 하나님의 자녀인 우리는 생명 신앙(life-faith)과 영원 신앙(eternity-faith)을 가지고 삽니다. 우리가 가지고 있는 신앙에 대해 예수님은 무엇이라고 말씀하셨습니까? (누가복음 20장 38절)

17. 믿음을 가진 하나님의 자녀들에게 죽음은 부활의 소망 가운데 잠깐 잠자는 것입니다. 그리고 그리스도인에게 있어 죽음은 하늘의 영광된 것들이 시작되는 것을 의미합니다. 다음은 천국에서 누리게 되는 선물들입니다. 성경을 찾아 읽어 보세요.

❶ 영광 : 요한복음 17장 24절; 요한계시록 21장 23절
❷ 거룩함 : 이사야 57장 15절; 요한계시록 21장 27절
❸ 아름다움 : 시편 50편 2절
❹ 빛 : 요한계시록 22장 5절
❺ 하나됨 : 요한복음 17장 20-22절
❻ 온전함 : 고린도전서 13장 10절; 요한일서 3장 2절
❼ 기쁨 : 시편 16편 11절
❽ 만족함 : 시편 17편 15절

죽음이 아닙니다

죽음이 우리를 완전한 삶으로부터 가려 주는
그 부분 외에 어느 부분도 우리를 죽이는 부분이 없다면
그것은 죽음이 아닙니다.
죽음이 어둠에서 밝음으로, 약함에서 강함으로
죄악에서 거룩함으로 바뀌어지는 순간에
우리를 일으켜 세우는 것이라면 그것은 죽음이 아닙니다.

죽음이 우리를 생의 근원이신 예수님께로
더 가까이 가게 하는 것이라면 그건 죽음이 아닙니다.
죽음이 보는 것으로 우리의 믿음으로 완전하게 해주고
우리로 하여금 우리가 믿는 그분을 볼 수 있게 해주는 것이라면
그건 죽음이 아닙니다.

죽음이 우리가 사랑하다 잃어 버려 그를 위해 살았고
다시 함께 살고 싶은 이들을 우리에게 주는 것이라면
그것은 죽음이 아닙니다.
죽음이 우리에게서 의심과 두려움을 없애 주고
기회와 변화, 시간과 공간, 그리고 시간과 공간이 가져다 준
모든 것을 없애 준다면 그것은 죽음이 아닙니다.

죽음은 예수님께서 자신과 그를 믿는
모든 사람들을 위해 이기신 것이기 때문에
죽음이 아닙니다.

– 찰스 킹슬레이 –

"무덤이여 너의 승리가 어디 있느뇨?
사망이여 너의 쏘는 것이 어디 있느뇨?
음부여 너의 승리가 이제 어디 있느뇨?
아니로구나! 네 속에는 이제 아무 것도 두려워할 것이 없구나.
이 땅의 성도들은 영생하시는 주님의 음성을 들으면서
기쁨으로 너의 열린 문을 지나가니
죽음의 문들은
넓게 활짝 열려 있구나.
활짝 열린 문 저편에는
수정같이 빛나는 황금 보석으로 꾸며진 천국이 보이는 구나."

18. 영적 안정감 진단하기

당신의 현재 감정을 나타내는 문장에 V표시를 하세요. 당신이 진정으로 느끼는 것에 따라 질문에 응답하세요. 이 진단을 하는 것은 당신의 교리를 알아 보는 것이 아니라 감정 상태를 알아 보는 것입니다.

❶ 나는 가끔 하나님께 기도하는 것이 편안하지 않다. ( )

❷ 나는 때때로 성경을 읽는 것이 감정적으로 힘들다. ( )

❸ 나는 종종 하나님이 멀리 떨어져 있다는 느낌을 갖는다. ( )

❹ 솔직히 고백하자면 나는 어느 정도는 하나님께 적개심을 느낀다고 인정해야 할 것 같다. ( )

❺ 나는 내가 원하는 만큼 하나님을 신뢰하지 못한다. ( )

❻ 나는 때때로 하나님의 무조건적인 사랑과 수용을 경험하기 힘들다. ( )

❼ 나는 때때로 하나님이 나를 사랑한다고 느끼지 못한다. ( )

❽ 나는 때때로 하나님이 나를 벌주시는 것이 틀림없다고 느낀다. ( )

❾ 만일 다른 사람들이 내가 하나님을 실제로 어떻게 느끼고 있는지를 알게 된다면 나는 당황할 것이다. ( )

❿ 나는 교회에 가는 것에 대해 염려나 걱정을 한다. ( )

⓫ 솔직히 나는 오랫동안 영적으로 텅 비어 있다는 느낌을 받아 왔다. ( )

⓬ 나는 개인적으로 하나님과 관계를 형성하는 것에 어려움을 느낀다. ( )

⓭ 나는 나의 구원을 자주 의심한다. ( )

⓮ 스스로 크리스천이라 부르지만, 나는 내면적으로 하나님의 성품에 대해 받아들이려는 마음보다 의문을 던지는 마음이 많다. ( )

⑮ 나는 하나님이 내게 완벽하기를 기대하고 있지만, 나는 결코 완벽해질 수 없을 것이라고 느낀다. ( )

⑯ 나는 때때로 하나님이 공평하신 분인지 의문을 던진다. ( )

⑰ 나는 때때로 하나님의 완전한 용서를 받아들이기 어렵다. ( )

⑱ 나는 때때로 하나님이 나를 버리셨고, 어디에서도 그분을 찾을 수 없다고 느낀다. ( )

⑲ 과거에 나를 영적으로 넘어지게 한 사람이 있었고, 다시 영적 안정감을 찾는 데 어려움을 느껴왔다. ( )

⑳ 나는 하나님의 성품을 내가 좋아하는 부분과 싫어하는 부분으로 나눈다. ( )

㉑ 내가 삶 가운데서 겪는 대부분의 고통의 책임은 하나님께 있다. ( )

㉒ 나는 너무 죄가 많기 때문에 교회에 돌아갈 수 없다고 느낀다. ( )

㉓ 교회는 위선자들로 가득 차 있다. 나는 하나님을 안다고 하면서 그렇게 살지 않는 사람들 주위에 있고 싶지 않다. ( )

㉔ 나는 교회에 대해 생각하면 염려가 생긴다. ( )

㉕ 나는 하나님이 내가 어떤 표준에 맞게 행동할 때만 나를 사랑하시고 내가 그렇지 못할 때는 받아주시지 않는다고 느낀다. ( )

㉖ 나는 대부분 성령님의 뜻을 따라 행하기보다는 육의 소욕을 따라 행한다. ( )

㉗ 나는 내 인생의 골짜기를 통과할 믿음이 내게 있는지 확신이 없다. ( )

㉘ 내가 삶 속에서 하나님을 경험한 것은 내가 하나님에 대해 배우거나 믿은 것과 일치하지 않는다. ( )

㉙ 나는 '사랑, 희락, 화평, 오래 참음, 자비, 양선, 충성, 온유, 절제'를 지속적으로 거의 경험하지 못한다. ( )

❸⓿ 나는 때때로 기도가 무슨 소용이 있는지 의문스럽다. 기도해
도 아무것도 변하지 않는다고 느낀다. (   )

평가

(1) **0점** : 완벽한 수준 – 0점은 당신이 영적으로 완벽하게 안정감
이 있다는 것을 의미한다. 아무 의심도 질문도 문제도 영적 오
염도 없는 상태이다.
(2) **2~10점** : 비교적 건강한 영적 안정감 상태 – 더 성숙한 크리
스천으로 자라는 과정에서 어느 정도의 갈등, 긴장, 의문들이
있을 수 있다.
(3) **11~20점** : 심각한 영적 불안정감을 경험하는 상태 – 이 수준
은 하나님에 대해 긍정적이거나 부정적인 경험을 모두 가지
고 있다. 당신은 어린 시절에 하나님에 대해 일관적이지 못한
메시지를 받았는지도 모른다. 일관적이지 못한 메시지는 성
인이 되어도 내면속에서 계속적으로 메아리치며 하나님에 대
한 생각과 하나님에 대한 느낌 사이에 엄청난 불협화음을 만
들어낸다.
(4) **21점 이상** : 영적인 장애자 상태 – 이러한 사람은 영적 지도자
와 신실한 크리스천 상담가에게 상담 받기를 권한다.

그분은 나의 모사이시다(시 16:7).

그분은 나의 평화이시다(엡 2:14).

그분은 내게 상급을 주시는 자이시다(히 11:6).

그분은 나의 방패이시다(시 33:20).

그분은 나에게 하나님의 지혜가 되신다(고전 1:24).

그분은 나를 깨끗게 하시는 자이시다(말 3:3).

그분은 나의 은신처이시다(시 32:7).

그분은 나의 그늘이 되신다(사 25:4).

그분은 나를 연단하시는 자이시다(말 3:2-3).

그분은 나의 부활이시다(요 11:25).

그분은 나의 머리를 두시는 자이시다(시 3:3).

그분은 환난 날에 나의 요새이시다(나 1:7).

그분은 나의 회복자이시다(시 23:3).

그분은 나의 위로자시다(요 14:16).

그분은 나의 힘이시다(사 12:2).

그분은 나의 구속자이시다(사 59:20).

그분은 나의 희망이시다(시 71:5).

그분은 나의 진리이시다(요 14:6).

그분은 나의 안식처이시다(렘 50:6).

그분은 나로 이기게 하는 자이시다(요 16:33).

그분은 나의 빛이시다(요 8:12).

그분은 하나님의 능력이시다(고전 1:24).

그분은 생명의 떡이시다(요 6:35).

그분은 나의 요새이시다(시 18:2).

그분은 폭풍 속의 피난처이시다(사 25:4).

그분은 나의 영원한 아버지이시다(사 9:6).

그분은 나를 믿음으로 이끄시고 온전케 하시는 분이시다(히 12:2).

그분은 나의 구원자이시다(시 70:5).

19. 하나님에 대한 느낌이 성경에 기반을 둔 믿음과 일치할 때 비로소 하나님에 대한 건강한 이미지와 그분과의 건강한 관계가 이루어진다. 하나님의 참된 성품을 묘사하는 성경 말씀을 묵상해보세요.

(1) 우리와 함께 하시는 하나님

"여호와께서 가라사대 내가 친히 가리라 내가 너로 편케 하리라." (출 33:14)

"내가 사망의 음침한 골짜기로 다닐지라도 해를 두려워하지 않을 것은 주께서 나와 함께 하심이라." (시 23:4)

"두려워말라 내가 너와 함께 함이니라. 놀라지 말라 참으로 너를 도와주리라 참으로 나의 의로운 오른 손으로 너를 붙들리라." (사 41:10)

"볼지어다 내가 세상 끝날까지 너희와 항상 함께 있으리라 하시니라." (마 28:20)

"그가 친히 말씀하시기를 내가 과연 너희를 버리지 아니하고 과연 너희를 떠나지 아니하리라 하셨느니라 그러므로 우리가 담대히 가로되 주는 나를 돕는 자시니 내가 무서워 아니하겠노라 사람이 네게 어찌하리요." (히 13:5-6)

(2) 사랑이신 하나님

"나 여호와가 옛적에 이스라엘에게 나타나 이르기를 내가 무궁한 사랑으로 너를 사랑하는고로 인자함으로 너를 인도하였다 하였노라." (렘 31:3)

"하나님이 세상을 이처럼 사랑하사 독생자를 주셨으니 이는 저를 믿는 자마다 멸망치 않고 영생을 얻게 하려 하심이니라." (요 3:16)

(3) 용서하시는 하나님

"여호와께서 말씀하시되 오라 우리가 서로 변론하자 너희 죄가 주홍 같을 지라도 눈과 같이 희어질 것이요, 진홍같이 붉을 지라도 양털같이 되리라."(사 1:18)

(4) 은혜로우시고 용납하시는 하나님

"모든 사람이 죄를 범하였으매 하나님의 영광에 이르지 못하더니 그리스도 예수 안에 있는 구속으로 말미암아 하나님의 은혜로 값없이 의롭다 하심을 얻은 자 되었느니라."(롬 3:23-24)

"아버지께서 내게 주시는 자는 다 내게로 올 것이요 내게 오는 자는 결코 내어 물리치지 아니하리라."(요 6:37)

(5) 긍휼의 하나님

"여호와께 감사하라 저는 선하시며 그 인자하심이 영원함이로다 이제 이스라엘은 말하기를 그 인자하심이 영원하다 할지로다. (시 118:1-2)

찬송하리로다 그는 우리 주 예수 그리스도의 하나님이시요 자비의 아버지시요 모든 위로의 하나님이시며"(고후 1:3)

(6) 인격적인 하나님

"여호와의 말씀이 내게 임하니라 이르시되 내가 너를 복중에 짓기 전에 너를 알았고 네가 태에서 나오기 전에 너를 구별하였고 너를 열방의 선지자로 세웠노라 하시기로"(렘 1:4-5)

"여호와여 주께서 나를 감찰하시고 아셨나이다 주께서 나의 앉고 일어섬
을 아시며 멀리서도 나의 생각을 통촉하시오며"(시 139:1-2)

(7) 신실하신 하나님

"그런즉 너는 알라 오직 네 하나님 여호와는 하나님이시요 신실하신 하나
님이시라 그를 사랑하고 그 계명을 지키는 자에게는 천대까지 그 언약을
이행하시며 인애를 베푸시되"(신 7:9)

"여호와여 주의 인자하심이 하늘에 있고 주의 성실하심이 공중에 사무쳤
으며 주의 의는 하나님의 산들과 같고 주의 판단은 큰 바다와 일반이라
여호와여 주는 사람과 짐승을 보호하시나이다."(시 36:5-6)

(8) 평안의 근원이신 하나님

"내가 평안히 눕고 자기도 하리니 나를 안전히 거하게 하시는 이는 오직
여호와시니이다."(시 4:8)

"주께서 심지가 견고한 자를 평강의 평강으로 지키시리니 이는 그가 주를
의뢰함이니이다."(사 26:3)

(9) 우리의 아버지이신 하나님

"그 거룩한 처소에 계신 하나님은 고아의 아버지시며 과부의 재판장이시
라."(시 68:5)

"적은 무리여 무서워 말라 너희 아버지께서 그 나라를 너희에게 주시기를
기뻐하시느니라."(눅 12:32)

(10) 완전하신 하나님

"내가 여호와의 이름을 전파하리니 너희는 위엄을 우리 하나님께 돌릴지어다 그는 반석이시니 그 공덕이 완전하고 그 모든 길이 공평하며 진실무망하신 하나님이시니 공의로우시고 정직하시도다." (신 32:3-4)

"각양 좋은 은사와 온전한 선물이 다 위로부터 빛들의 아버지께로서 내려오나니 그는 변함도 없으시고 회전하는 그림자도 없으시니라." (약 1:7)

(11) 신뢰할 만한 하나님

"오직 주에게 피하는 자는 다 기뻐하며 주의 보호로 인하여 영영히 기뻐 외치며 주의 이름을 사랑하는 자들은 주를 즐거워하리로다 여호와여 주는 의인에게 복을 주시고 방패로 함같이 은혜로 저를 호위하시리이다." (시 5:11-12)

"너희는 여호와의 선하심을 맛보아 알지어다 그에게 피하는 자는 복이 있도다. 너희 성도들아 여호와를 경외하라 저를 경외하는 자에게는 부족함이 없도다 젊은 사자는 궁핍하여 주릴지라도 여호와를 찾는 자는 모든 좋은 것에 부족함이 없으리로다." (시 34:8-10)

"내 마지막 시간이 다가올 때,

주 예수 그리스도께서 내 곁에 계시네.

나를 위로하고, 돕고, 변호해 주시려고

내 침대 곁에 내 주님 서 계시네.

나 맡기리 주님의 두 손에

마지막 순간에 내 떨리는 영혼을.

주님의 부드러운 보호는 얼마나 안전하온지요!

죽음을 바라보며

제게 손을 놓는 법을 가르쳐 주십시오.

이승의 삶을
부여잡으려는
저의 환상과 두려움과 집착과 열망을
당신은 너무나 잘 알고 계십니다.

저는 믿습니다.
당신께서 보시기에 가장 좋을 때
당신께서 저를 부르실 것이라는 것을,
저는 믿습니다.
당신 사랑이 제가 미처 끌어안을 수 없는 기쁨을
제게 마련하시리라는 것을,
저는 알고 있습니다.
당신께서 저의 모든 잘못들을 용서하시리라는 것을.
그런데 그런데 아직도
부서진 장난감을 손에서 놓지 못하는 아이처럼

저는 손을 놓기를 주저하고 있습니다.
알지 못하고 낯선 까닭에 무섭습니다.
당신이 제게 빛을 약속하신 그곳에서
저는 단지 어두움만을 바라봅니다.
참 삶이 시작되는 그곳에서
저는 단지 삶의 끝장만을 바라봅니다.

당신은 저의 인간적인 집착을 이해하십니다.
저의 불안전한 감각을 이해하십니다.
저를 지으시고 자라게 하신 분은 바로 당신이시기에,
제게 느낌과 환상을 주신 분도 바로 당신이시기에,

당신은 보고 계십니다.
제가 붙잡혀서, 이끌려서
제가 알지 못하는 길을 따라 걸어가야 함을,

저의 기력은 스러지고
저의 총명도 소용이 없습니다.
저를 사랑하는 사람들도 저와 함께 갈 수 없습니다.

당신만이, 오로지 당신만이
끝없는 사랑이시기에
늘 그러하셨듯이 제 곁에 함께 계실 것입니다.
인생이라는 고독한 여정의 황혼에서,

당신께서 저를 붙잡으시고
저를 이끄시며 저를 받아들이시고
저의 부서진 형체를 다시 맞추실 것입니다.

당신 앞에
저는 아무런 비밀이 없습니다.
두려움이나 부족한 답변을 감추지 않습니다.
이상하게도
약함과 힘 없음과 두려움이
당신 앞에서는 아무 문제가 아닙니다.
아무것도 부인할 필요가 없습니다.

저는 다시 태어나기를 원합니다.
당신 팔 안에 잠들기를 원합니다.

그리하여 영원한 빛 안에서 깨어나기를

저는 알지도 이해하지도 못합니다.
그러나 하나님, 무한히 자비하신 하나님
저는 믿습니다.
사랑이 모든 것을 할 수 있다는 것을
눈이 볼 수 없고
귀가 듣지 못하는 것을,
당신께서 죽음 너머에 저를 위해 마련해 놓으신 것을.

당신의 이름 안에 저는 내어놓습니다.
생의 남은 시간을,
가장 좋은 것은 아직 오지 않았다는 것을 알고 있기에.
여기 대령하였나이다!
저의 마지막 여정에 내내 함께 하여 주십시오.
그리고 저를 데려가 주십시오.
영원히 당신과 함께 머무를 집으로.

- 조 만나스 -

… 의 상을 당하여 드리는 기도

주님!
이 눈물을 저의 기도로 받아주십시오.
저를 지켜 주시고 제게 힘을 주십시오.

지금의 이 마음을
당신께 표현할 수 있는 말을 찾지 못하겠습니다.
하나 당신은 저의 절규를 들으시기 위해
말을 필요로 하지 않으십니다.
저와 함께 있어 주시고 제 손을 잡아 주십시오.
겁이 나고 외롭습니다.
물론 죽음이
언젠가 저희를 갈라 놓으리라는 것을 알고 있습니다.
그러나 그 시간이 다가온 지금
사별의 고통이 이토록 처절할 줄은 몰랐습니다.
저의 분신이 죽어 묻혔습니다.
저는 다만 저의 그림자처럼 느낍니다.

저의 … 을 당신의 사랑스러운 품에 받아 주십시오.
제가 그토록 사랑한 …이지만
이제 당신과 함께 있는 것이 더 낫습니다.

이 영원한 모든 것을 저는 줄 수 없었습니다.
당신은 하실 수 있으십니다.

제가 이 진리를 받아들이고
그 안에서 다시 기쁨을 찾도록 도와 주십시오.

제 자신에게 말해 주려고 애씁니다.
죽음은 끝이 아니라 단지 건너감이라고
영원한 삶과 형언할 수 없는 영광으로 가는 길 뿐이라고
그러나 저는 그것을 볼 수도 잡을 수도 없습니다.
저는 다만 인간일 뿐
고통스럽고 외로운 작은 인간일 뿐입니다.
제가 바라다 볼 수 있는 것은 저의 눈높이일 뿐
그 너머에서 빛나는 빛은 아닙니다.

제가 희망을 가지고 신뢰하며 당신의 뜻을 받아들이려고 애쓰는
이때
저의 믿음을 강하게 해주시고 용기를 주십시오.

우리가 서로 나누었던 사랑에 대해 감사를 드립니다.
우리가 서로에게 남겼던 상처들에 대해 용서를 청합니다.
저는 모든 것을
삶과 죽음과 영원을 받아들입니다.
모든 것이
당신의 자비에서 나오는 넘치는 선물들인 까닭입니다.

당신의 팔을 펼쳐 저의 어깨를 둘러 주십시오.

그리고 저를 위로해 주십시오.

저의 눈물을 바라보십시오.

저의 절규를 들으십시오!

저의 고통을 희망으로

저의 외로움을 지혜로

저의 두려움을 새 날을 위한 새 힘으로 바꾸어 주십시오.

… 의 죽음에서

저의 죽음을 준비하도록 가르쳐 주십시오.

저의 삶의 나날들을 감사로 채우는 법을 가르쳐 주십시오.

제가 알아 듣지 못할 때조차도

당신이 제게 해주신 모든 것은 사랑입니다.

저는 알아 들으려고도 하지 않았습니다.

이제 당신께 청합니다.

희망을, 힘을, 평온함을,

이 눈물을 받아 주십시오.

이것이 지금 제가 지닌 전부입니다.

저를 축복해 주십시오!

제게 희망을 주십시오!

저의 슬픔으로부터

저와 제가 사랑하는 남은 사람들을 위한 새 삶을 주십시오.

- 조 만나스 -

 풍성하고 아름다운 노년을 위하여

마지막 손님이 올 때

올해도 많은 이들이
저희 곁을 떠났습니다, 주님.
눈물의 샘이 마를 겨를도 없이
저희는 또 바쁜 일상으로 돌아왔지만
떠난 이들의 쓸쓸한 기침소리가
미루어 둔 기도를 재촉하곤 합니다.

어느 날 문득
예고 없이 찾아올 마지막 손님인 죽음을 어떻게 맞이해야 할지
아직 살아있는 저희는
두렵고 떨리는 마음으로 헤아려 볼 뿐입니다.
그 낯선 얼굴의 마지막 손님을
진정 웃으면서 맞이할 수 있을까요?
삶을 아름답게 마무리하기가 상상보다는 어렵더라는
어느 임종자의 고백을 다시 기억하며
저희 모두 지상에서의 남은 날들을
겸허하고 성실한 기도로 채워가게 하소서.
하루에 꼭 한 번은 자신의 죽음을 준비하는 마음으로
화해와 용서를 먼저 청하는

사랑의 사람으로 깨어 있게 하소서.
지금 이 순간이 마지막인 듯이
생각하고 말하고 행동하는 지혜의 사람으로 거듭나게 하소서.
당신의 은총 없이는 죽음 맞이를 잘할 수 없는
나약하고 어리석은 저희
믿음 또한 깊지 못해
깊은 회개를 미루는 저희입니다.

이미 세상을 떠난 이들의 죽음을
언젠가는 맞이할 저희 자신의 죽음을
오늘도 함께 봉헌하며 비옵니다.
삶과 죽음을 통해서 빛과 평화의 나라로
저희를 부르시는 생명의 주님
당신을 향한 날마다의 그리움이
마침내는 영원으로 이어지는
부활의 기쁨으로 열매맺게 하소서.

— 이해인 —

내가 죽는 날

내가 죽는 날

그대들은 '저 좋은 낙원 이르니' 찬송을 불러주오.

또 요한계시록 20장 이하를 읽어주오.

그리고 나의 묘패에는 이것만 새겨 주오.

'임마누엘' 단 한마디만을.

내가 죽는 날은 비가 와도 좋다.

그것은 내 죽음을 상징하는 슬픈 눈물이 되리라.

예수의 보혈로 내 죄 씻음을 받은 감격의 눈물!

내가 죽는 날은 바람이 불어도 좋다.

그것은 내 모든 이 세상 시름을 없이 하고

하늘 나라 올라 가는 내 길을 준비함이라.

내가 죽는 날은 눈이 부시도록 햇빛이 비치어도 좋다.

그것은 영광의 주님 품에 안긴 내 얼굴의 광채를 보여줌이라.

내가 죽는 시간은 밤이 되어도 좋다.

캄캄한 하늘이 내 죽음이라면 저기 빛나는 별의 광채는

새 하늘에 옮겨진

내 눈동자이리라.

오! 내가 죽는 날.

나를 완전히 주님의 것으로 부르시는 날
나는 이 날이 오기를 기다리노라.
다만 주님의 뜻이면 이 순간에도 닥쳐오기를
번개와 같이 닥쳐와 번개와 같이 함께 사라지기를
그 다음은 내게 묻지 말아다오,
내가 옮겨진 그 나라에서만 내 소식을 알 수 있을 터이니,
내 얼굴을 볼 수 있을 터이니.